岁月光芒

苏州市相城区革命斗争史图录

1919—1949

《岁月光芒——苏州市相城区革命斗争史图录
（1919—1949）》编纂委员会 编

苏州新闻出版集团
古吴轩出版社

编纂单位

中共苏州市相城区委党史工作办公室（区档案馆）

苏州市相城区政协文化文史委

苏州市相城区哲学社会科学界联合会

苏州市相城区老区开发促进会

指导单位

中共苏州市委党史工作办公室

苏州市新四军暨华中抗日根据地历史研究会

主　　编　浦卫英

执行主编　任亚峰

编　　辑　高剑云　曹丽琴　李敏瑜　应淑君

视觉总监　郁大波

摄　　影　郁大波

序

烽火铸信念，热血筑丰碑。相城是一片有着光荣革命传统的红色沃土，一批批革命先行者前赴后继播撒革命火种，叶飞、吴焜、翁迪民等革命先辈都曾在这里浴血奋战，母子英烈等英雄事迹可歌可泣，洋澄县政府纪念碑等革命遗迹至今仍诉说着岁月峥嵘。

1919 年五四运动爆发以后，以苏州学生联合会首任会长沈炳魁为代表的革命者活跃在声援北京学生等爱国运动中。1929 年沈炳魁任吴县县立乡村师范（简称“黄埭乡师”）首任校长后，带领师生积极投身“九一八”等重大事件后的革命活动，红色火种在相城的土地上燎原而起。1939 年 5 月，新四军六团以“江抗”的名义东进，拉开了敌后游击战的序幕；9 月，吴县第一个县级党组织——中共苏州县工作委员会在太平桥镇成立。在中国共产党的坚强领导下，以阳澄湖为中心的苏常太根据地成功建立，抗日救亡运动风起云涌，在相城打响了洋沟溇、张家浜、渡船头等规模战斗 5 次，小型战斗不计其数。解放战争时期，县级党组织带领民众与国民党反动派展开顽强斗争。1949 年 4 月，相城百姓全力支援大军渡过西塘河、解放苏州。在新民主主义革命时期，这片土地上建立了县级党政组织 5 个、区级党政组织 18 个以及吴县第一个农村党支部，相城的革命历史从未间断，相城人民始终站在斗争前沿。

区委党史工办（区档案馆）、区政协文化文史委、区哲学社会科学界联合会、区老区开发促进会历时两年编纂《岁月光芒——苏州市相城区革命斗争史图录（1919—1949）》，系统记录了在相城区这片土地上建立的革命政权、发生的革命事迹和留下的红色遗迹，系首创以图录形式展示相城区革命斗争历史，史料真实，形式新颖，可读性强，便于广泛宣传和传播。

一段段波澜壮阔的红色革命史，镌刻着革命先辈们用鲜血和生命淬炼的宝贵革命精神，跨越时空，历久弥新，也激励着我们矢志前行。在新时代新征程上，我们更应发挥好以史鉴今、资政育人的作用，继承和发扬革命精神，艰苦奋斗，砥砺前行，更好地肩负起建设强富美高新相城的重任，努力创造不负革命先辈期望、无愧于历史和人民的新业绩。

最后，仅以此序献礼，向曾在相城战斗过、奋斗过、建设过的革命先辈们致以最崇高的敬意！

沈志栋

相城区革命斗争时期主要旧址及纪念地

序号	名称
1	吴县县立乡村师范（黄埭乡师）旧址（沈炳魁纪念园）
2	吴福国防线南天门碉堡
3	吴福国防线南斜宅碉堡
4	吴福国防线东塘碉堡
	吴福国防线外塘碉堡
5	阳澄湖抗日游击队成立地（东港村）
6	中共沈巷交通站党支部成立地
	“千人破路”指挥部（庄头村）
7	太平桥会师地
	叶飞收编胡肇汉部队谈判处
	中共苏州县（工）委旧址
8	“千人破路”起点（官来泾桥）
9	“千人破路”朱大根烈士牺牲处（叠楼桥）
10	夜袭浒墅关火车站侦察处（东桥老街）
	夜袭浒墅关火车站指挥部（马沙桥吴乐芝家）
	中共锡东县委秘密联络处（东桥立泰商号）
11	中共锡东县委秘密联络处（奚泾浜小学）
12	“江抗”太平桥指挥部（殷家浜古香庵）
	“江抗”东进，叶飞曾经的居住处（殷家浜姚家）
	殷家浜战斗旧址
13	翁迪民被胡肇汉关押处（洋沟溇村）
	洋沟溇战斗旧址（洋沟溇村）
14	“江抗”和中共苏州县（工）委秘密情报传递点（汕泾茶馆）
15	《江南》杂志编印地（鹅墩浜村）
16	“江抗”办事处、中共苏州县（工）委交通联络站旧址（消泾村）
	洋澄县政府纪念碑（消泾村）
	阳澄湖“江抗”纪念馆（消泾村）
	“江抗”伤病员养伤处（消泾村）
17	“江抗”伤病员养伤处（横川心泾）
	曹家尖战斗旧址
18	“江抗”伤病员养伤处（张家浜）
	张家浜战斗纪念碑

序号	名称
19	“江抗”伤病员养伤处（陆巷村）
20	小红区（强芜村、十善村）
21	渭黄区人民抗日自卫会（永昌泾村）
	“江抗”驻渭黄办事处（永昌泾村）
	漕南区公所（永昌泾村）
22	周家浜战斗旧址
23	漕东区政府旧址（漕湖村）
24	尤成美烈士故居
25	渡船头战斗旧址（渡船头村）
26	洋澄县县长陈鹤牺牲处（渭塘肖家浜河西岸）
27	北桥王家庄战斗旧址
28	澄阳街道烈士纪念碑（洛斐、江影牺牲处）
	积灵桥战斗及孙根效班长牺牲处
29	“小苏北”秘密抗日根据地（黄桥渔池弄区域）
30	苏州县政府成立旧址（方浜村网船浜顾金根家）
31	苏州县警卫连驻地旧址（方浜村流动浜奚根兴家）
	苏州县交通总站旧址（方浜村流动浜，总站长王中彦办公处）
32	苏州县组织蠡口伏击战发生地
	苏州县组织攻打蠡口伪军据点发生地
33	苏州县组织攻打陆墓镇发生地
34	苏州县组织群众阻断黄埭荡发生地
35	苏州县组织群众阻断冶长泾发生地
36	朱正芳烈士牺牲处（望亭红庙）
37	梅林庙战斗旧址
38	吾金梅烈士牺牲处
39	黄桥烈士陵园
40	群众架设浮桥、协助解放军横渡西塘河发生地
41	相城区烈士纪念馆
42	相城历史文化展示馆红色长廊（相城区档案馆）
43	阳澄湖红色地名边界墙（莲花岛村）

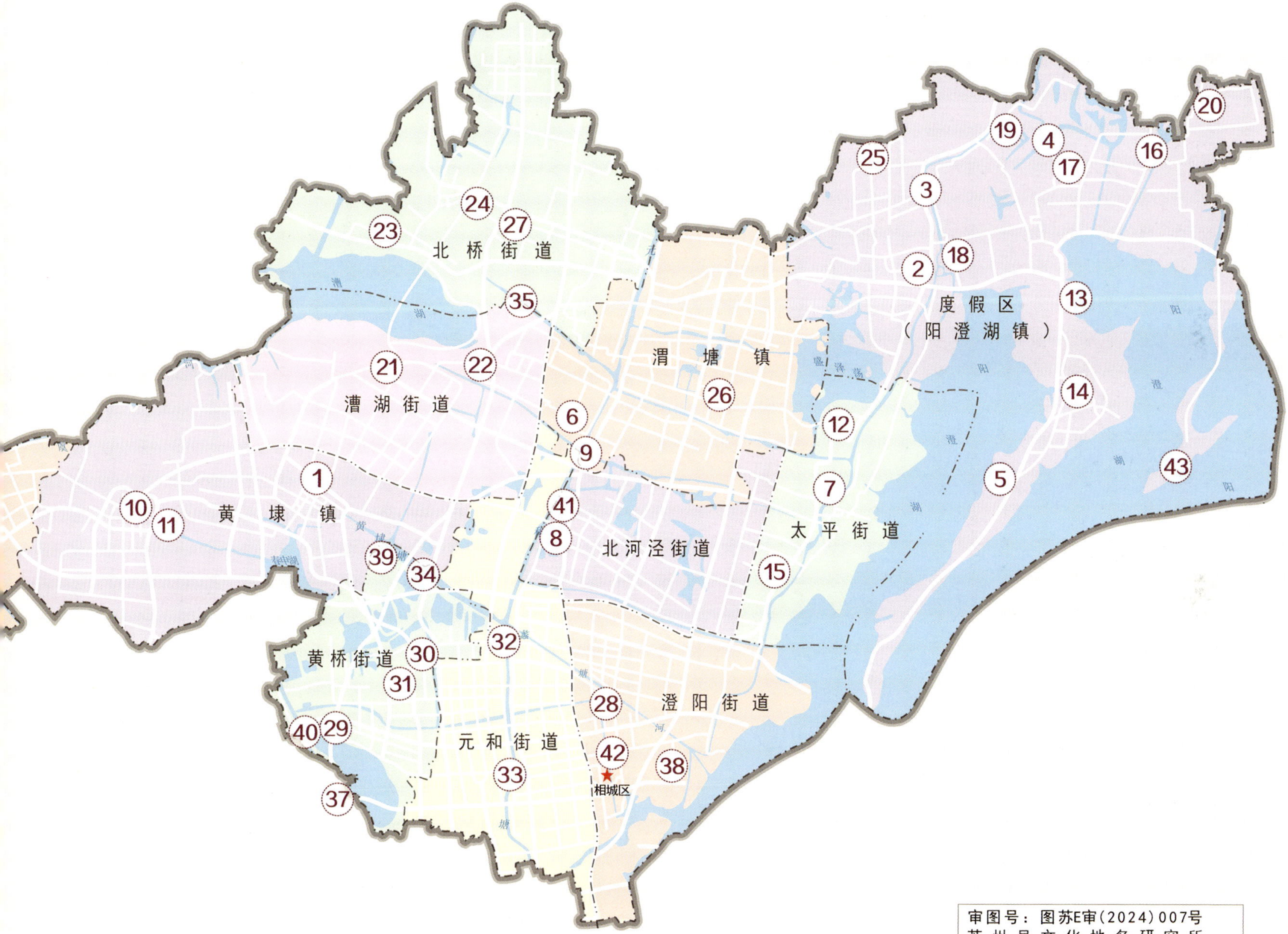

审图号：图苏E审（2024）007号
苏州吴文化地名研究所
江苏图博地理信息科技有限公司 编制

编辑说明

一、《岁月光芒——苏州市相城区革命斗争史图录（1919—1949）》（以下简称《图录》）以《中国共产党苏州历史·第一卷（1919—1949）》《中国共产党苏州历史大事记（1921—2016）》《吴县革命斗争简史》等权威著作为依据，大量参阅革命前辈本人回忆录以及《大众报》《申报》《新华日报》《吴县报》等历史文献，真实、系统反映了相城区革命斗争历史。一些人物、事件由于照片史料缺乏，未收录在书中。

二、书目按革命斗争时序排列，内容相关或时间相近并为一个章节，以增强《图录》所反映的历史事件的完整性和可读性。

三、书中对选用的回忆录文章进行统一编排，以增强可读性和观赏效果。内容为回忆录原稿内容，重新排版编辑，对原文内容不作修改。书中选用的相城地区流传的革命歌曲，部分摘自《相城渔歌》（第二辑）。

四、书中选用的图片，标注“档案史料照片”的，指相城区档案史料照片；除档案史料照片（含人物照片）和标注作者姓名的作品外，其余标注“摄于××××年”的均为郁大波摄。

五、为体现历史原貌，书中沿用了“东桥”“渭泾塘”“太平桥镇”“陆墓镇”“蠡口镇”“沺泾镇”“苏常公路”“州塘”“消陆区”“渭黄区”“漕东区”“漕南区”等历史老地名，由于区划调整，部分内容未作注解。

六、书中人物的职务，主要标注其在相城地区从事革命工作时的职务，其事迹也以在相城地区从事革命工作的事迹为主。

目录

沈炳魁纪念园

1919 年五四运动爆发，5 月 18 日苏州学生联合会成立，省立第一师范学校学生沈炳魁任首任会长。1929 年，吴县县立乡村师范（简称“黄埭乡师”）在黄埭成立，沈炳魁任首任校长。在他的带领下，黄埭乡师师生在九一八事变、一二 · 九运动、“七君子”事件、卢沟桥事变、淞沪会战等重大事件中均有出色表现。

沈炳魁（1899—1968）

▲蘇州學生聯合會紀事

蘇州學生聯合會於五月二十四號下午四時假吳縣公共體育場開會各學校代表齊集議決各事列下（一）選舉職員當場選定一師代表沈炳魁為正會長一師代表何煥庭為副會長醫校代表余光中為庶務醫校代表王復遠為司庫東吳代表尤致信為書記二農代表周承謙為書啓（二）通電北京政府請允許京滬學生聯合會請求限期答復否則與京滬學生聯合會取一致行動（三）致兩省議會勸取消加徵米捐並致函各團體請去電一致反對（四）請浙江日報登載本會紀事（五）定於二十八日在縣教育會開緊急會提議停課罷課及留日學生善後各案

1919 年 5 月《申报》关于苏州学生联合会的报道（一）

蘇州學生聯合會草綱補錄如下 ㊀本會由蘇地各校學生組織定名為蘇州學生聯合會㊀本會宗旨在盡學生之本分共謀有益國家社會之事業㊀本會由與會各校學生每校推舉代表二人（各校職員經學生推舉亦可列席為代表）組織之㊀本會職員定會長一人總理會務副會長一人襄理之庶務司庫各一人書記書啓各一人均由代表公舉之㊀本會有議決本會綱第二條所規定以內應行事項之權惟以不妨礙與會各校之校規為範圍㊀凡與本會之各校學生有循行本會議決事項之義務㊀本會議決事項關於全體者由各校代表協議行之關於各校者由各校代表報告本校學生執行之㊀本會開會時與會各校職員得旁聽并有權向本校代表提出請議事件㊀會費暫定臨時費二百元以上依入會各校人數平均攤派（小學以下各校例外作特別捐）以後有他校加入照每學生現攤數算 經常費每人每年六角分兩期繳納第一次國恥紀念日第二次國慶節㊀常會期每兩星期一次於星期六舉行之時間下午四時地點在縣教育會特別會無定期暑假期間及半數學校考試時期暫停㊀有入會三校以上代表之請求得由會長召集臨時會有三分之二以上代表出席方得開會 假期內一切事項由本會職員擔任㊀會綱有未盡妥善之處得由各校代表之提議經出席代表半數以上之同意修改之㊀本會綱經本會議決後發生效力

1919 年 5 月《申报》关于苏州学生联合会的报道（二）

黄埭乡师部分教师合影（档案史料照片，1930 年代摄）

黄埭乡师旧址（今黄埭中学）（摄于 2023 年）

黄埭乡师旧址纪念碑（摄于 2023 年）

黄埭中学校史馆（曹育雷摄于 2023 年）

黄埭中学沈炳魁纪念园沈炳魁像（摄于 2023 年）

黄埭中学学生入团仪式（赵培根摄于 2023 年）

國內要電

日軍大舉侵略東省

蔑棄國際公法 破壞東亞和平

瀋陽遼陽長春安東營口等處均被侵佔

十八日下午十一時、駐南滿綫日軍四十名、突將皇姑屯北寧鐵路拆毀、開始軍事行動、十九晨二時、日軍第二師團進佔商埠地及瀋陽城、恣意搜索、省府及兵工廠糧秣廠、均被焚毀、同時日軍砲擊北大營、因遼署嚴令各軍鎮靜、故軍民死傷甚衆、警察傷亡尤多、北大營駐軍、沿瀋海綫東退、途中被日兵截擊、傷亡甚衆、北大營及東北大學、全被日軍佔領、交通完全斷絕、榮臻及榮家屬均被日軍逮捕、第一旅長王以哲殉難、營口十九晨八時亦被日軍佔領、站長警務長被俘、日海軍在營登岸、距營八里埋設地雷、防止客車前進、長春十九晨十時陷落、日軍到處尋釁、焚掠極慘、茲將各情、分誌如下、

日軍無端尋釁

昨日清晨 日軍入瀋陽城

兵工廠全部被炸毀

各機關首領軟禁中

重要建築物皆被毀

1931 年 9 月《申报》关于日军侵占东三省的报道

1931 年九一八事变后，黄埭乡师学生参加第二次赴南京请愿

1936年黄埭乡师学生周建平、朱介美、朱觉、李国军等4人冒险到狱中探望“七君子”，图为“七君子”出狱后合影

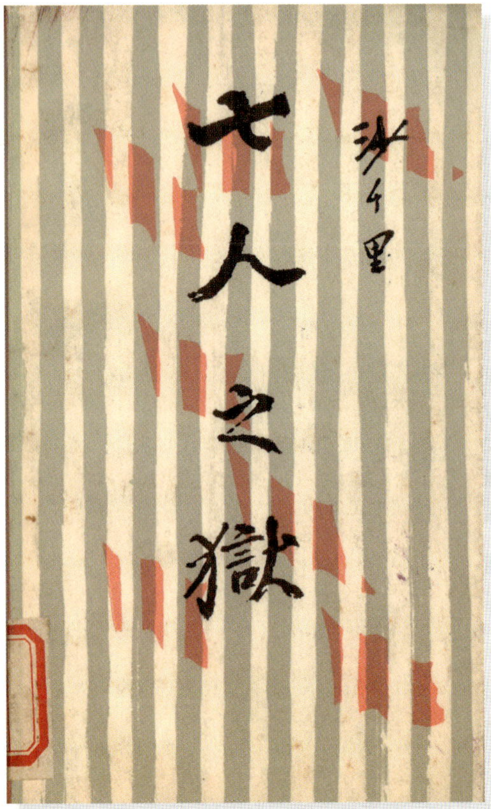

“七君子”之一沙千里的回忆录
——《七人之狱》书影

抗战碉堡遗址

1936 年为抵御日军入侵，由中国军人构建吴福国防线，南起苏嘉铁路，北至常熟福山。当年实际完成军事工事 157 个，现相城区境内仍留存碉堡 4 座。1937 年卢沟桥事变爆发，淞沪会战爆发。

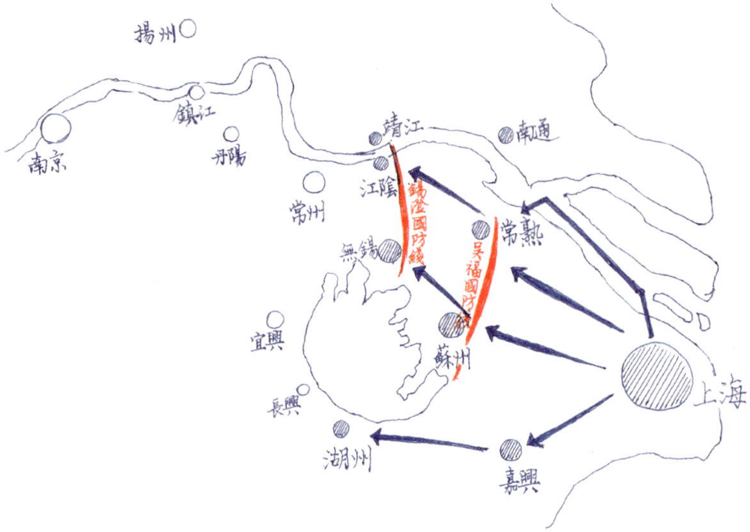

吴福国防线示意图

南斜宅碉堡现貌（摄于 2023 年）

南天门碉堡现貌（摄于 2023 年）

东塘碉堡现貌（摄于 2024 年）

外塘碉堡现貌（摄于 2024 年）

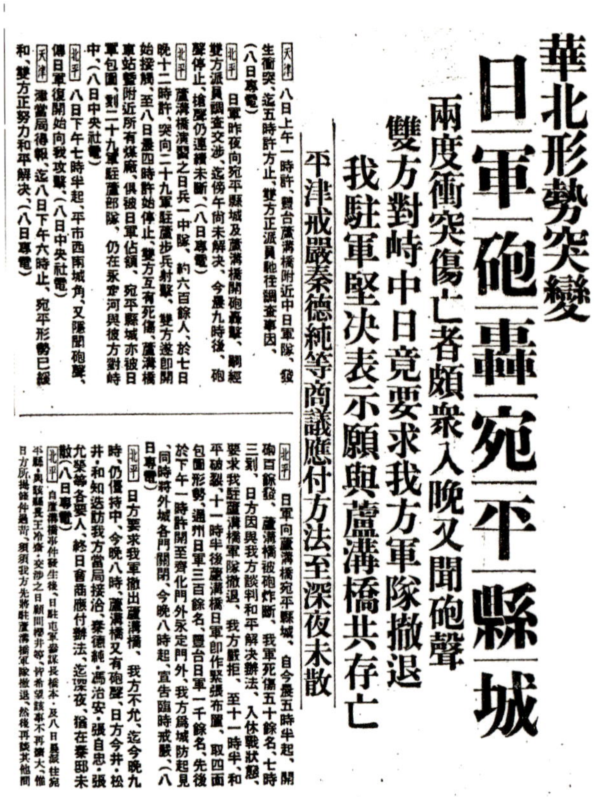

華北形勢突變
日軍砲轟宛平縣城
兩度衝突傷亡者頗衆入晚又聞砲聲
雙方對峙中日竟要求我方軍隊撤退
我駐軍堅決表示願與蘆溝橋共存亡
平津戒嚴秦德純等商議應付方法至深夜未散

〔天津〕八日上午一時許、豐台蘆溝橋附近中日軍隊、發生衝突、迄五時許方止、雙方正派員馳往調查事因、（八日專電）

〔北平〕日軍昨夜向宛平縣城及蘆溝橋開砲轟擊、嗣經雙方派員調查交涉、迄傍午尚未解決、今晨九時後、砲聲停止、槍聲仍連續未斷、（八日專電）

〔北平〕蘆溝橋演習之日兵一中隊、約六百餘人、於七日晚十二時許、突向二十九軍駐蘆步兵射擊、雙方遂即開始接觸、至八日晨四時許始停止、雙方互有死傷、蘆溝橋車站暨附近所有煤廠、俱被日軍佔領、宛平縣城亦被日軍包圍、對二十九軍駐蘆部隊、仍在永定河與彼方對峙中、（八日中央社電）

〔北平〕八日下午七時半起、平市西南城角、又隱聞砲聲、傳日軍復開始向我攻擊、（八日中央社電）

〔天津〕津當局得報、迄八日下午六時止、宛平形勢已緩和、雙方正努力和平解決、（八日專電）

〔北平〕日軍向蘆溝橋宛平縣城、自今晨五時半起、開砲百餘發、蘆溝橋被砲炸斷、我軍死傷五十餘名、七時三刻、日方因與我方談判和平解決辦法、入休戰狀態、要求我駐蘆溝橋軍隊撤退、我方嚴拒、至十一時半、和平破裂、十一時半後蘆溝橋日軍即作緊張布置、取四面包圍形勢、通州日軍三百餘名、豐台日軍一千餘名、先後於下午一時許開至齊化門外永定門外、我方爲城防起見、同時將外城各門關閉、今晚八時起、宣告臨時戒嚴、（八日專電）

〔北平〕日方要求我軍撤出蘆溝橋、我方不允、迄今晚九時、仍僵持中、今晚八時、蘆溝橋又有砲聲、日方今井・松井・和知迭訪我方當局接洽、秦德純・馮治安・張自忠・張允榮等各要人、終日會商應付辦法、迄深夜、猶在秦邸未散（八日專電）

〔北平〕自蘆溝橋事件發生後、日駐屯軍參謀長橋本・及八日晨趕往宛平縣・與該縣長王冷齋・交涉之日顧問櫻井等、皆希望該事不再擴大、惟日方所提條件過苛、須須我方先將駐蘆溝橋軍隊撤退、然後再談其他問

1937 年《申报》关于卢沟桥事变的报道

卢沟桥事变爆发后不久，方大曾第一时间赶赴卢沟桥，这是由他拍摄的卢沟桥中国守军的照片。上图摘自《申报 · 每周增刊》1937 年第 29 期；下图摘自《良友画报》（1937 年 7 月号 总第 130 期）

衝上前去，
抵抗敵人。
一寸寸國土，
一寸寸黃金；
誰要搶奪走，
我和誰拚命。
戰而勝，
長在蘆溝橋紮我的營，
戰而不勝，
就把蘆溝橋作我的墳！（瘦鵑）

春秋

盧溝橋之歌

(一)

此其時矣！此其時矣！

秣我馬，厲我兵，

向上前去，抵抗敵人。

我只知有國，不知有身；

我有進無退，雖死猶生。

戰而勝，我在盧溝橋头歌我的凱，

戰而不勝，就把盧溝橋作我的墳！

(二)

此其時矣！此其時矣！

1937 年 7 月 26 日周瘦鹃在《申报》发表《卢沟桥之歌》

卢沟桥事变爆发后，黄埭乡师十八名学生到苏州日租界青旸地游行示威
图为日本领事馆旧址现貌（摄于 2023 年）

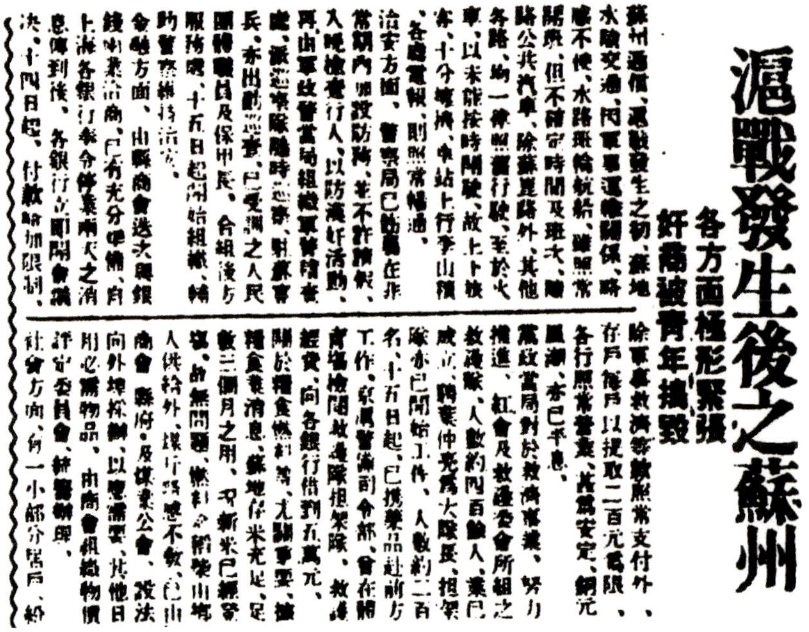

滬戰發生後之蘇州

各方面極形緊張

奸商被青年搗毀

蘇州通信、滬戰發生之初、蘇地水陸交通、因軍事運輸關係、略感不便、水路班輪航船、雖照常開駛、但不確定時間及班次、蘇路公共汽車、除蘇崑路外、其他各路、均一律照舊行駛、至於火車、以未能按時開駛、故上下旅客、十分擁擠、車站上行李山積、各處電報、則照常暢通、

治安方面、警察局已動員在非常期內加設防務、並不許攤販、入晚檢查行人、以防漢奸活動、再由軍政警當局組織軍警督察處、派巡查隊隨時巡查、對蘇害兵、亦出動巡查、已受訓之人民團轉職員及保甲長、合組後方服務隊、十五日起開始組織、輔助警察維持治安、

金融方面、由縣商會邀文與銀錢兩業洽商、已有充分準備、向上海各銀行奉令停業兩天之消息傳到後、各銀行立即開會議決、十四日起、付款略加限制、除軍事救濟等款照常支付外、存戶每戶以提取二百元為限、各行照常營業、甚為安定、銅元風潮、亦已平息、

黨政當局對於救濟事業、努力推進、紅會及救濟委會所組之救護隊、人數約四百餘人、業已成立、聘裴仲亮為大隊長、担架隊亦已開始工作、人數約二百名、十五日起、已攜藥品赴前方工作、京滬警備司令部、曾在閶胥等檢閱救護隊担架隊、救濟經費、向各銀行借到五萬元、

關於糧食燃料等、尤關重要、據糧食業消息、蘇地存米充足、足敷三個月之用、況新米已經登場、尚無問題、燃料方面、柴山塢人供給外、煤斤將感不敷、已由商會、縣府、及煤業公會、設法向外埠採辦、以應需要、其他日用必需物品、由商會組織物價評定委員會、以資辦理、

社會方面、有一小部分居戶、紛

1937 年《申报》关于淞沪会战的报道（一）

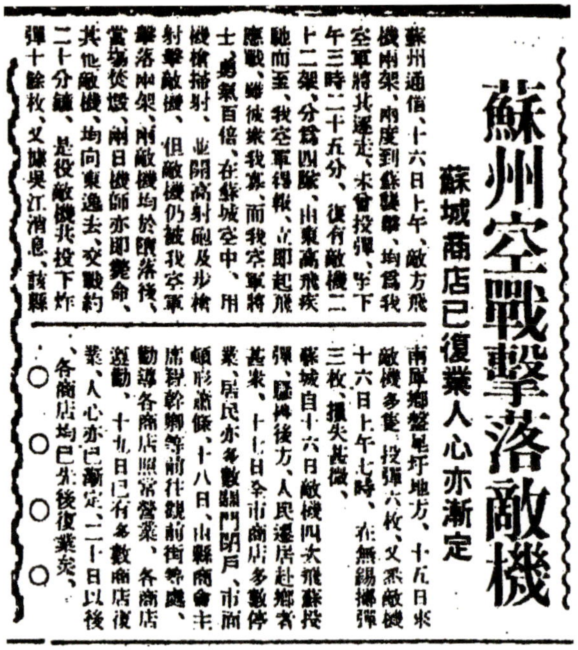

蘇州空戰擊落敵機

蘇城商店已復業人心亦漸定

蘇州通信、十六日上午、敵方飛機兩架、兩度到蘇襲擊、均為我空軍將其逐走、未曾投彈、下午三時二十五分、復有敵機二十二架、分為四隊、由東高飛疾馳而至、我空軍得報、立即起飛應戰、雖彼衆我寡、而我空軍將士、勇氣百倍、在蘇城空中、用機槍掃射、並開高射砲及步槍射擊敵機、但敵機仍被我空軍擊落兩架、兩敵機均於墜落後、當場焚燬、兩日機師亦即斃命、其他敵機、均向東逸去、交戰約二十分鐘、是役敵機共投下炸彈十餘枚、又據吳江消息、該縣南厙鄉盤星圩地方、十五日來敵機多隻、投彈六枚、又悉敵機十六日上午七時、在無錫擲彈三枚、損失甚微、

蘇城自十六日敵機四次飛蘇投彈、騷擾後方、人民遷居赴鄉者甚衆、十七日全市商店多數停業、居民亦多數關門閉戶、市面頓形蕭條、十八日、由縣商會主席程幹卿等前往觀前街等處、勸導各商店照常營業、各商店遵勸、十九日已有多數商店復業、人心亦已漸定、二十日以後、各商店均已先後復業矣、

○○○○

1937 年《申报》关于淞沪会战的报道（二）

淞沪会战爆发后，黄埭乡师学生吴明自愿到苏州参加救护队（档案史料照片，1950 年代摄）

淞沪会战爆发后，黄埭乡师学生府镇廷自愿到苏州参加救护队，图为府镇廷受邀回母校作报告（档案史料照片，1980 年代摄）

民众自发抗日

1937 年 11 月 19 日苏州沦陷后，相城地区群众自发宣传抗日，组织抗日游击队。

苏州沦陷后，民众自发演出抗日剧目，图为剧目《放下你的鞭子》演出现场

苏州沦陷后，黄埭乡师教师王桢成立天然诗社，创办《导报》《火把》等油印刊物，宣传抗日。后率领抗日救亡剧团加入江阴抗日游击队（档案史料照片，1992 年摄）

袭击浒墅关的侦察经过

李关玉

抗战前，我在苏州西乡枫桥镇白马涧小学当教员。

一九三七年八月十三日，抗日战争爆发后，我回到苏州参加“苏州抗敌后援会”救护组，救护从上海撤下来的抗日将士。苏州沦陷后，我又到白马涧，和浒关一带的抗日青年一起组织了抗日救亡剧团。现在还能记得姓名的有朱桂冠、朱家美、岳林、陈英（女）、王桢（王是中学的美术教员），我们由王桢带队，经当时黄埭区的王志方（王是大革命时的中共党员）介绍，参加了江阴游击队。该游击队有三、四百人，司令朱松寿是大革命时期的党员，后来脱党。抗战爆发后，他就把当地的青年农民组成抗日游击队。我们剧团的任务是以演戏方式宣传抗日，动员群众参加抗日游击队。朱对我们青年人政治上的成长很关心，他派人到上海买了许多革命书籍给我们阅读，教育帮助我们。使我从单纯的抗日救国思想进一步受到了共产主义的启蒙教育。

同年八月，朱松寿的部队被国民党忠义救国军袁亚承部队打垮，朱逃到上海，他叫我们先回家，待他接上新四军的关系后再派人来接我们。我就留下苏州家庭的地址，回家等候。

李关玉回忆录《袭击浒墅关的侦察经过》中关于王桢的记载

1937 年 11 月，吴江进步青年陈味芝投奔洄泾乡东港村，发起组织阳澄湖抗日游击队，翌年发展为 300 余人枪的抗日武装，后被胡肇汉杀害

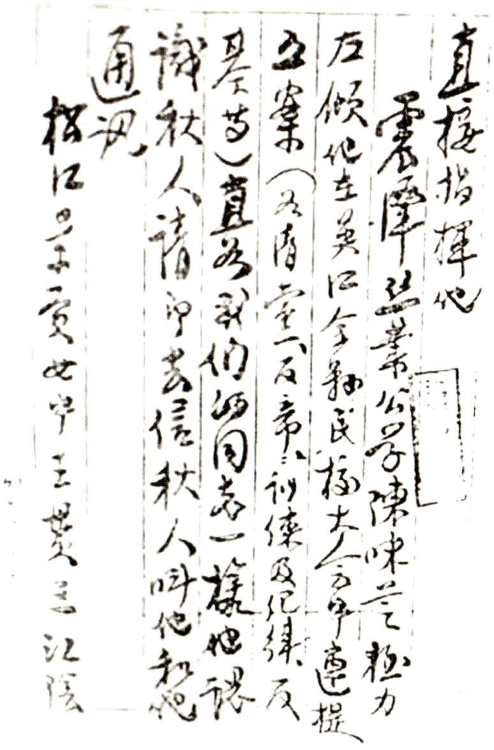

直接指挥他
震寰兄 萧公子 陈味芝 极力
左倾，他在吴江今[illegible]民极大人[illegible]提
出案（及有[illegible]训练及纪律，反
甚多）直及我们的同志一样，他很
识秋人，请即去信秋人，叫他和他
通讯。
松江[illegible]江阴

早期共产党员萧楚女信中提到陈味芝

东港村现貌（摄于 2023 年）

开展革命活动

1938 年秋至 1939 年春，中共江苏省委、中央特科先后派陆步青、梁瑾瑜、钱冰、翁迪民、洛斐等人到相城地区开展革命活动。上海大新公司支部书记梁瑾瑜在渭泾塘地区发展党员，成立了吴县第一个农村党支部——中共沈巷交通站支部，吕文忠任书记，许阿根任组织委员，周明任宣传委员。陆步青任胡肇汉部副司令，翁迪民任政治部主任。钱冰在渭塘、黄埭等地，洛斐在北桥开展革命活动。

1941年5月至9月任黄埭市政委员会副主任、黄埭中心区委副书记的钱冰

渭黄地区抗日斗争的情况

钱　冰

一、日寇侵占该地区后的情况

一九三七年十一月、十二月，常熟、无锡、苏州相继沦陷。京沪铁路及苏常公路两侧，散失着不少国民党军队撤退时丢弃的枪支弹药，出现了各种各样的“游击队”。阳澄湖至渭泾塘一带的胡肇汉，黄埭的王文彩，黄埭、南北桥至甘露一带的杨忠（杨筱南），吴塔、洞港泾至旺泥桥一带的金南平、马乐鸣，蠡口的顾伟。这些人有的是原国民党军警人员，如胡肇汉、王文彩、顾伟，有的是帮会人物，如杨筱南、金南平、马乐鸣。他们在那里收集人枪，拉起队伍，各占一方，以“抗日”为号召，广收门徒，设卡收捐，形成封建割据式的大小土霸，多的有二、三百人，少的几十人。

一九三八年秋冬间至一九三九年初，我党在上海的一些组织派同志来到这个地区，通过各种关系打入一些部队，想争取改造他们成为真正的抗日武装。据我所知，在胡肇汉部有宫岳（即翁迪民），在杨筱南部有洛斐。另一方面国民党第三战区和上海帮会分子（他们是由国民党委派的）也派人到这个地区，采取封官许愿的手段收编这些队伍。这些游击队头头对国民党蒋介石有“正统”观念，他们在生活作风上腐化享乐惯了，手段又是非常的阴险残忍，所以我们打进去做他们的工作是相当艰苦的。他们把人枪作为割据一方的资本，最怕的是把他们的队伍拉走。……

钱冰回忆录相关内容

1939年9月至1940年1月任中共苏州县工作委员会书记的翁迪民

我在东路的一段经历

翁迪民

东路地区位于江苏南部，是泛指长江以南，沪宁铁路以北，锡澄公路以东的一片平原水网地区。一九三八年，抗日战争爆发的第二年，中共江苏省委在东路地区建立了特委，第一任特委书记是林枫同志（溧阳人，一九六三年因病逝世），组织部长是张英同志。此外，特委成员还有无锡县委书记王承业同志，常熟县委书记李建模同志，特委秘书冯二郎同志。当时，特委机关隐蔽在无锡梅村附近。

（一）

我是在上海参加党组织，属中央特科。抗战开始以后，特科非常重视抗日武装斗争，曾陆续派出一些同志到东路地区的地方部队做内线工作。一九三八年秋天，组织上通知我去接受新任务，领导关系转给一位老丁同志。有一天，在沪西一个贫民区的一所矮小的二层楼上，由老丁同志介绍我同陆步青同志接上关系。陆是常州人，方脸，光头，穿一身蓝布短衫裤。当时他正在阳澄湖一带帮助胡肇汉拉队伍，同时也在积极地寻找我党的秘密关系。我们同陆步青接头的地方，是在陆步青姐夫的家里。接上关系以后便约定，我以上海救亡青年的身份，化名宫岳（我原名翁福绵，字迪民，嘉定人）、跟他先到太平桥了解情况，由他引见给胡肇汉。……

翁迪民回忆录相关内容

1941年1月至4月任中共澧东区委书记、区长的洛斐烈士（1916—1941）

中共辛莫区委书记梁瑾瑜烈士
（1920—1941）

中共沈巷交通站支部成立处——渭塘永沿村何家湾朱双根家（档案史料照片，1980 年代摄）

许阿根烈士家（东路特委秘密联络站）
（档案史料照片，1980 年代摄）

中共沈巷交通站支部组织委员许阿根烈士
（1911—1941）

许阿根烈士牺牲时穿的裤子
（档案史料照片，1980 年代摄）

曾任中共沈巷交通站支部宣传委员的周明祭扫梁瑾瑜烈士墓
（档案史料照片，1989 年 11 月摄）

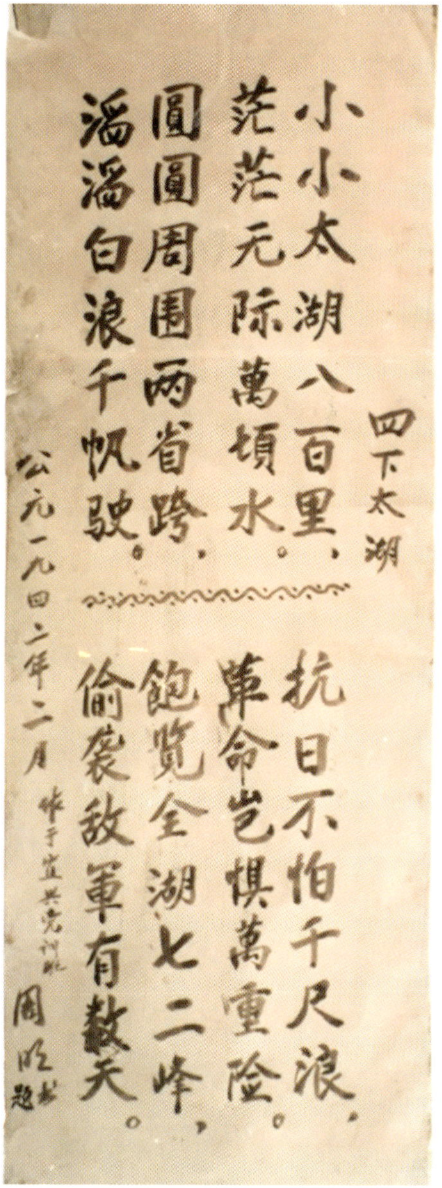
四下太湖
小小太湖八百里，
茫茫无际萬頃水。
圓圓周圍两省跨，
滔滔白浪千帆駛。
抗日不怕千尺浪，
革命岂惧萬重险。
饱览全湖七二峰，
偷袭敌軍有数天。
公元一九四二年二月
周明题

1942 年周明创作的诗歌——《四下太湖》

太平桥会师

1939 年 5 月中旬，新四军六团副团长吴焜率一营和三营挺进太平桥，与共产党领导的常熟“民抗”、新六梯团及苏北抗日义勇军在太平桥会师，后翁迪民与三营、苏北抗日义勇军一起攻打斜塘盛墩村伪军据点。

新四军六团团长叶飞（1914—1999）

新四军六团北上抗日纪念碑（福建省屏南县）

新四军六团副团长吴焜（1910—1939）

1939 年新四军臂章

太平桥古镇现貌（摄于 2023 年）

我们与“江抗”（六团一营）会师的经过，我记得很清楚。由杨浩庐布置我带部队到渭泾塘附近交给我一张呼口号的单子。“江抗”由王（王萱椿）营长带领从梅村经过大墙门来到渭泾塘时，我就组织部队列队呼欢迎口号。待“江抗”部队通过州塘、苏常公路，向太平桥方向进发以后，我们部队才回太平桥。我们到达驻地，天已拂晓，“江抗”的战士已呼呼入睡。大家都讲：“主力部队厉害，跑得那么快！”我们平时夜行军一般走三、四里路，还没有一下子走过几十里路的，而且走得很慢。通过这次行军，我们部队加强了夜行军的锻炼。我们在太平桥会师以后，就和“江抗”一起回到小六泾、塘桥一带，打梅李等地伪军和土匪武装了。

周建平回忆录《我所知道的“民抗”和新六梯团》中提到的太平桥会师

在太平桥，我记得有两件事：一件是与“江抗”二路（新四军六团）会师，开了大会；一件是杨浩庐搞统一战线工作，与胡肇汉一起开会，建立江南抗日联军。

王志平回忆录《从小市自卫队到新六梯团》中提到的太平桥会师

当天晚上决定：以六团的一个营配合“民抗”，以另一个营配合胡肇汉部队行动。配合胡部的是三营，营长梁金华（湖南人，一九六三年任浙江省军区副司令时病故）。三营到达阳澄湖后，我同陆步青同志和胡肇汉一起研究，决定先打敌伪在铁路以南的斜塘镇据点。

翁迪民回忆录《我在东路的一段经历》中提到的太平桥会师

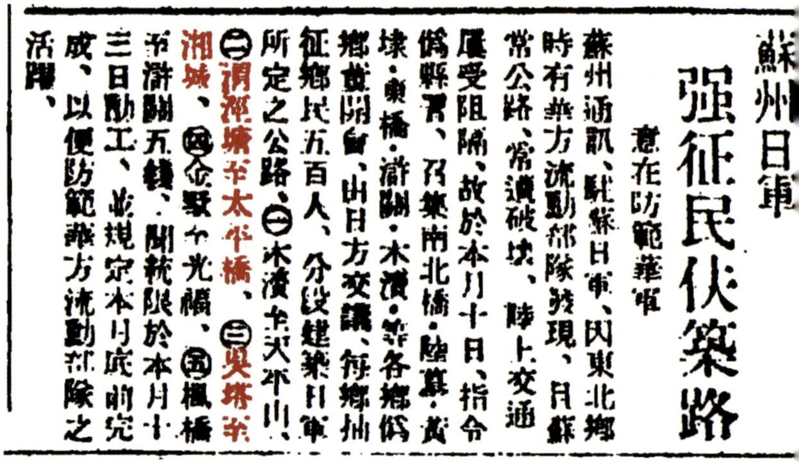

蘇州日軍

强征民伕築路

意在防範華軍

蘇州通訊、駐蘇日軍、因東北鄉時有華方流動部隊發現、且蘇常公路、常遭破壞、陸上交通屢受阻隔、故於本月十日、指令偽縣署、召集南北橋・陸墓・黃埭・東橋・滸關・木瀆・等各鄉偽鄉鎮長開會、由日方交議、每鄉抽征鄉民五百人、分段建築日軍所定之公路、㈠木瀆至大平山、㈡渭涇塘至太平橋、㈢吳塔至湘城、㈣金墅至光福、㈤楓橋至滸關五處、期限於本月十三日動工、並規定本月底前完成、以便防範華方流動部隊之活躍、

1940 年 4 月《申报》关于日军扩建渭泾塘至太平桥道路的报道

曾任新四军六团三营营长的梁金华
（1913—1962）

苏州工业园区原盛墩村斜塘河两岸现貌（任亚峰摄于 2021 年）

“千人破路”

1939 年 6 月 1 日，为保障“江抗”顺利东进，由中共东路特委组织部部长张英指挥、渭塘沈巷交通站党支部组织，发动民众千余人，深夜捣毁苏常公路从欢来泾（又名官来泾，位于现高铁新城境内）至常熟洞港泾 10 余公里路面，焚毁桥梁 7 座，史称“千人破路”。

曾任中共东路特委组织部部长的张英
（1914—1984）

“千人破路”情况

张英

1938年年底，我从上海到无锡。那时东路特委机关设立在无锡城里，林枫是书记，我是组织部长，李建模任宣传部长，王承业任委员兼无锡县委书记。后来特委机关迁到梅村，是强学曾控制的地区。林枫同志经常要去上海，特委的实际工作由我抓。1940年9月，林枫去上海养病，上级决定我任特委书记。

1939年的五六月间，“江抗”东进到无锡梅村后，决定继续东进，打到上海近郊，扩大我军的影响。为保证部队顺利东进，部队领导和特委研究，由我负责去发动群众，破坏苏常公路，以阻止敌伪追击。

按照“江抗”东进的路线，我到了吴县的渭泾塘。在渭塘镇的西南、苏常运河西边的沈巷、庄头村子，有一个大革命时期入党、后脱党的人叫沈阿三，是工人出身，曾去莫斯科东方大学学习过。抗日战争开始后，他在家乡闲居，搞一般的抗日活动。经无锡的老党员介绍我认识了他。他对我去表示欢迎，我在他家里住过。

这次我到渭泾塘后，找到了沈阿三等人。那时，这一带抗战气氛很浓，有青抗会、农抗会、妇抗会等群众抗日团体。我们在6月1日晚上，发动了千余名群众，渡过苏常运河，把煤油洒在公路桥上蘸了棉花胎燃烧，把桥毁掉，又用铁搭、锄头把路面挖掉。这样，渭泾塘南北20余里的沿公路桥梁和部分路面都在一个晚上被破坏掉了。

张英回忆录中“千人破路”相关内容

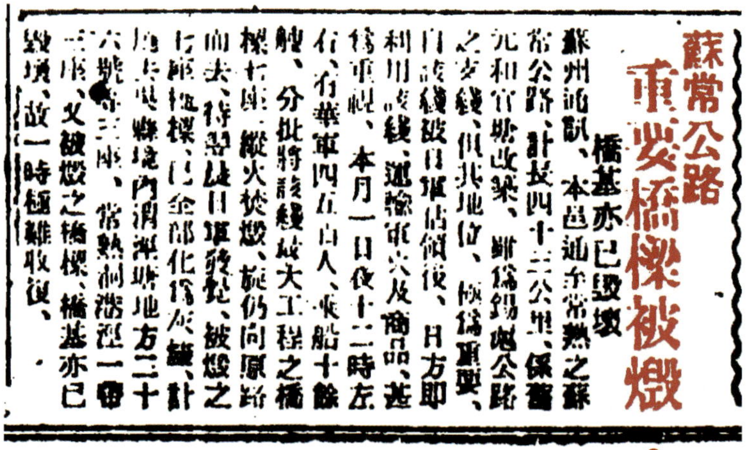

蘇常公路重要橋樑被燬

橋基亦已毀壞

蘇州通訊、本邑通至常熟之蘇常公路、計長四十三公里、係當元和官塘改築、雖係錫滬公路之支綫、但其地位、極爲重要、自該綫被日軍佔領後、日方即利用該綫、運輸軍火及商品、甚爲重視、本月一日夜十二時左右、有華軍四五百人、乘船十餘艘、分批將該綫最大工程之橋樑拆毀、縱火焚燬、旋仍向原路而去、待翌晨日軍發覺、被燬之石質橋樑、已全部化爲灰燼、計在吳縣境內渭涇塘地方二十六號至三十二號、常熟洞涇一帶三座、又被燬之橋樑、橋基亦已毀壞、故一時極難收復、

1939 年 6 月《申报》关于“千人破路”的报道（一）

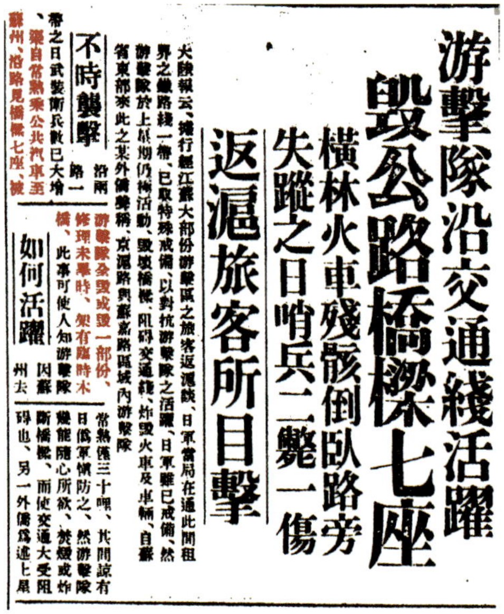

游擊隊沿交通綫活躍

毀公路橋樑七座

橫林火車殘骸倒臥路旁

失蹤之日哨兵二斃一傷

返滬旅客所目擊

大陸報云、據行經江蘇大部份游擊區之旅客返滬談、日軍當局在通此間租界之鐵路綫一帶、已取特殊戒備、以對抗游擊隊之活躍、日軍雖已戒備、然游擊隊於上星期仍極活動、毀壞橋樑、阻礙交通綫、炸毀火車及車輛、自蘇省東部來此之某外僑聲稱、京滬路與蘇嘉路區城內游擊隊

不時襲擊

沿兩路一帶之日武裝衛兵數已大增、游擊隊余毀或毀一部份、修理未畢時、架有臨時木橋、此事可使人知游擊隊

如何活躍

因蘇州去常熟僅三十哩、其間諒有日僞軍憤防之、然游擊隊雖能隨心所欲、焚燬或炸斷橋樑、而使交通大受阻礙也、另一外僑爲述七星樂自常熟乘公共汽車至蘇州、沿路見橋樑七座、被

1939 年 6 月《申报》关于“千人破路”的报道（二）

十月三日，天气晴

……

五月三十日的一幕回忆，又泛上了我的脑海：

『我们数千个工人和农民，拿了我们所有的武装——锄头斧子，在黑夜里悄悄地，但很整齐地踏上了一条象死蛇一般的公路时，我们是多么的愉快和起劲啊！不论哪个人，假使一朝把自己用血汗作成的功绩毁灭时，他一定很心痛而悲哀的。今朝大家把自己用血汗建筑的成绩坏损了！可是今天反而比建筑时更兴奋更痛快！因为，鬼子害得我们好苦啊，从这条公路里，他时常驾着汽车到乡下来骚扰、抢掠、奸淫、放火。现在，我们要复仇了！』

吃过了晚饭，我们一队先到了目的地，接着村东村西……一队队同志都带着笑脸出现在新月星光的朦胧中，无数武装的同志们，更英勇地站立在广场的一边，我猜想他们每个人的心上，都在希望着敌人的来临，因为他们要给他一个沉重的打击，同时也在想象着怎样隐蔽？怎样准备？怎样举枪？

过了大约半小时，广场上的人越来越多了，有满身油渍的工人，有汗气直冲的农夫，有坚定沉着的战士，有奔东奔西的工作同志，有姿态灵活的小鬼，有……在各各不同的汇成了一条伟大的铁流，冲向某段公路，去完成破坏敌人公路的任务。

……

1939 年 10 月《大众报》刊登浪萍的《一个农民的日记》，回忆“千人破路”的场景

1939年5月，张英同志到我学校里住了3天，领导破坏苏常公路。到第3天晚上，通过党支部、农协、青协会员组织伪乡、保长，动员了群众共1000多人，携带了火油、棉絮胎、洋镐、锄头等物，东渡塘河，南从蠡口的欢来泾，北到吴塔以南，长达20余里，摆开阵势，破坏公路路面，烧毁这一段的全部桥梁。张英同志带来的两个连队，一个连在南面警戒，另一个连在北面警戒，保护群众破路。驻苏的日军闻讯后，开了装甲车用迫击炮、小钢炮、轻重机枪，向破路群众扫射，但赶到欢来泾时，公路桥已被我烧毁不能过河，又遭我部队的猛烈阻击，破路群众基本上未遭伤亡，只有农协会员朱大根（现永沿村人）因渡河中弹而牺牲。破路时，常熟的敌人未出动。苏常公路瘫痪了，鬼子派出一个分队和一连伪军驻在渭塘，成天拉夫挑土、填桥孔，以土代桥，中断了交通近3个月。这些桥梁直到解放后才修复。

周明回忆录《漕湖地区革命斗争片段》中关于“千人破路”的记载

曾任中共沈巷交通站支部宣传委员的周明（右）与李锐合影

（档案史料照片，1990 年 5 月摄）

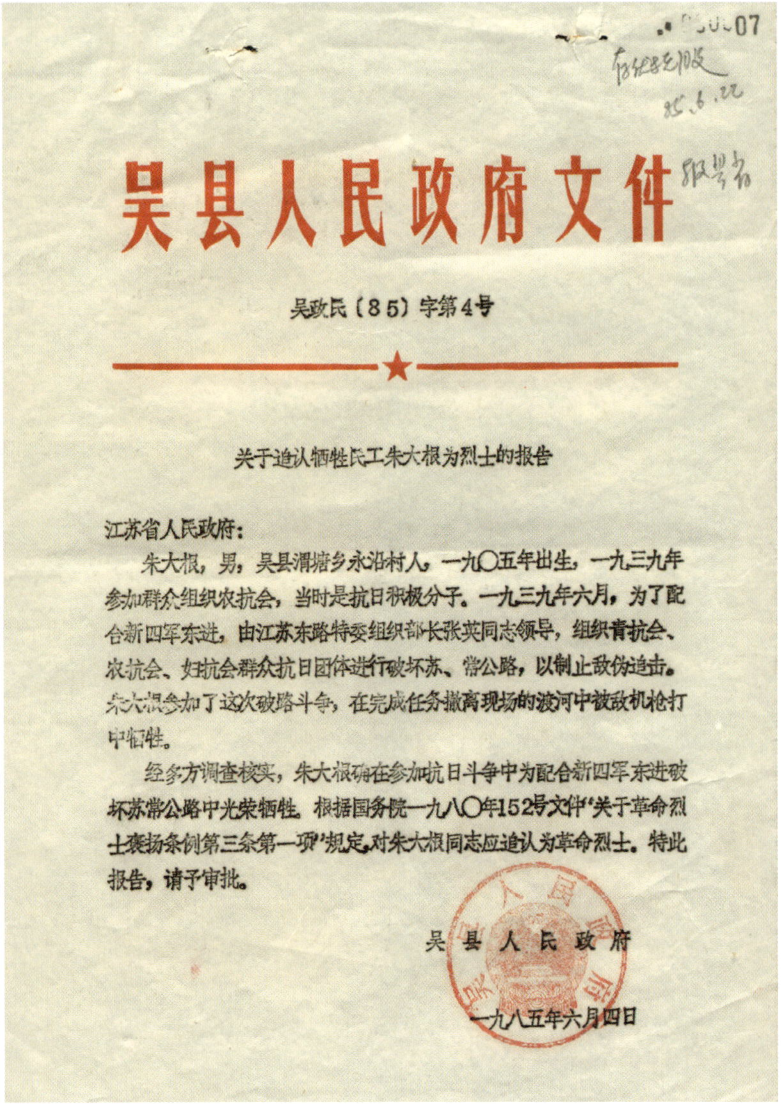

吴县人民政府文件

吴政民〔85〕字第4号

关于追认牺牲民工朱大根为烈士的报告

江苏省人民政府：

朱大根，男，吴县渭塘乡永沿村人，一九〇五年出生，一九三九年参加群众组织农抗会，当时是抗日积极分子。一九三九年六月，为了配合新四军东进，由江苏东路特委组织部长张英同志领导，组织青抗会、农抗会、妇抗会群众抗日团体进行破坏苏、常公路，以制止敌伪追击。朱大根参加了这次破路斗争，在完成任务撤离现场的渡河中被敌机枪打中牺牲。

经多方调查核实，朱大根确在参加抗日斗争中为配合新四军东进破坏苏常公路中光荣牺牲。根据国务院一九八〇年152号文件"关于革命烈士褒扬条例第三条第一项"规定，对朱大根同志应追认为革命烈士。特此报告，请予审批。

吴县人民政府

一九八五年六月四日

1985 年吴县人民政府关于追认牺牲民工朱大根为烈士的报告

朱大根烈士墓碑（摄于 2024 年）

相城烈士纪念堂外景（摄于 2024 年）

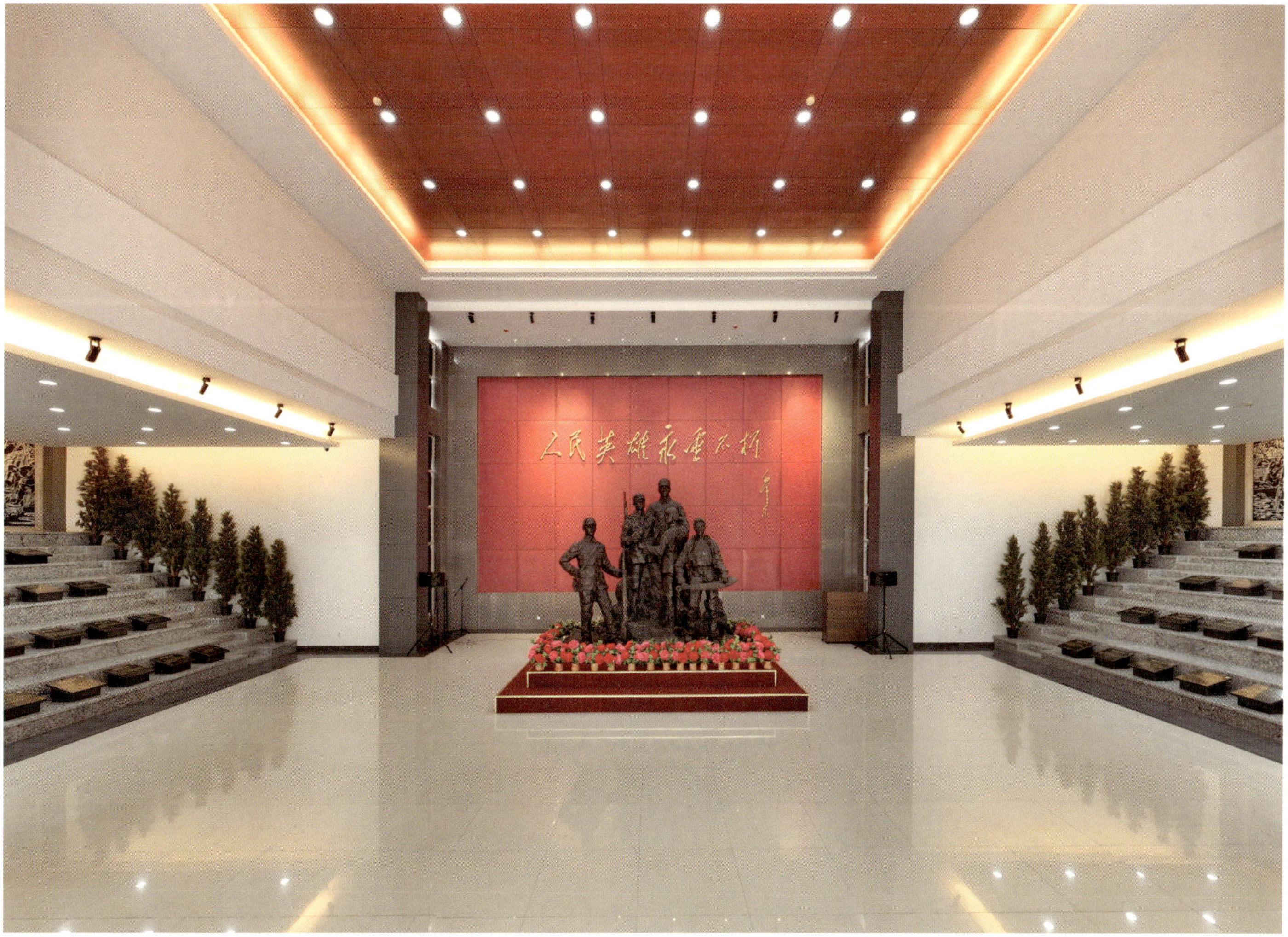

相城烈士纪念堂内景（摄于 2024 年）

官来泾桥（曾名欢来泾桥，“千人破路”南起点）（摄于 2023 年）

老卜浦桥（摄于 2023 年）

叠楼桥（朱大根烈士牺牲处）（摄于 2023 年）

“千人破路”指挥部旧址——渭塘庄头村朱小妹家（档案史料照片，1980 年代摄）

渭塘桥（摄于 2023 年）

『千人破路』示意图

夜袭浒墅关火车站

1939 年 6 月 24 日，为震慑敌人，亮出“江抗”名号，新四军六团团长叶飞决定夜袭浒墅关火车站的驻守日军。前期由“江抗”参谋周达明与女战士李关玉到东桥侦察地情，并选定指挥部的地址。当晚，叶飞团长亲自坐镇东桥马沙桥边的吴乐芝家指挥战斗。包厚昌率三路三连攻打黄埭伪军据点。

新四军六团团长叶飞

为什么要打浒墅关呢？那儿有一批忠义救国军，不打日本侵略军，却利用抗战的招牌欺骗人民。我们一打日本侵略军，他们的面目就暴露了，假抗战就混不下去了。浒墅关这一仗打得很漂亮，据点里一个小队的日本侵略军差不多全部报销，我们占领了浒墅关火车站好几个小时，铁路中断。那个震动是很大的。这一仗以后，我们进入常熟境内，在阳澄湖边上与杨浩庐同志取得了联系。浒墅关战斗的意义在于正式亮出了“江南抗日义勇军”的旗帜，对群众的鼓舞很大，很有号召力。敌人也在想：好久没有人敢动他了，怎么突然冒出这么凶的部队呢？后来，敌人才发觉，这不是什么“江抗”，是新四军到了呀！

叶飞《江抗东进》摘选

浒墅关火车站现貌（摄于 2023 年）

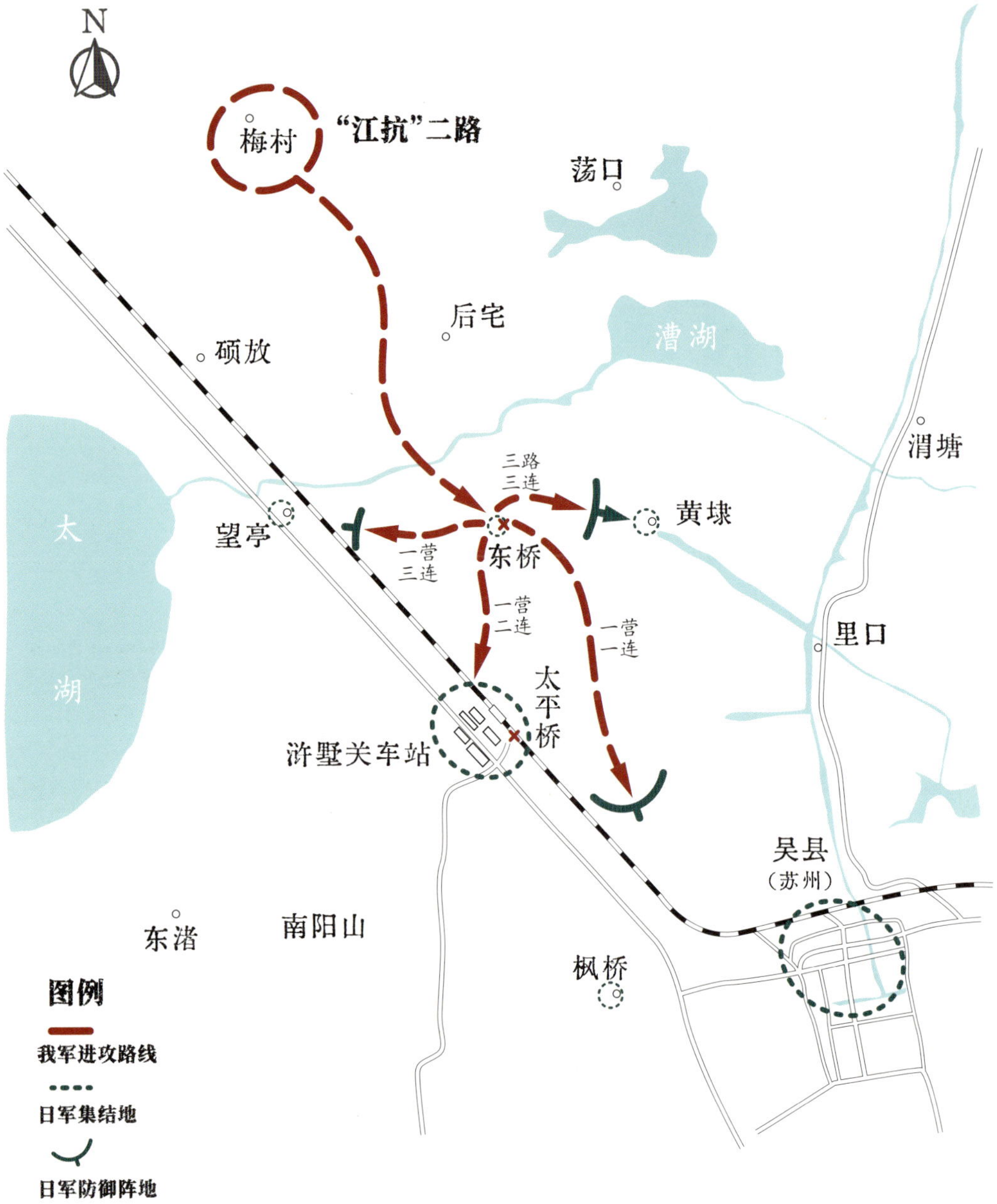

夜袭浒墅关火车站战斗示意图

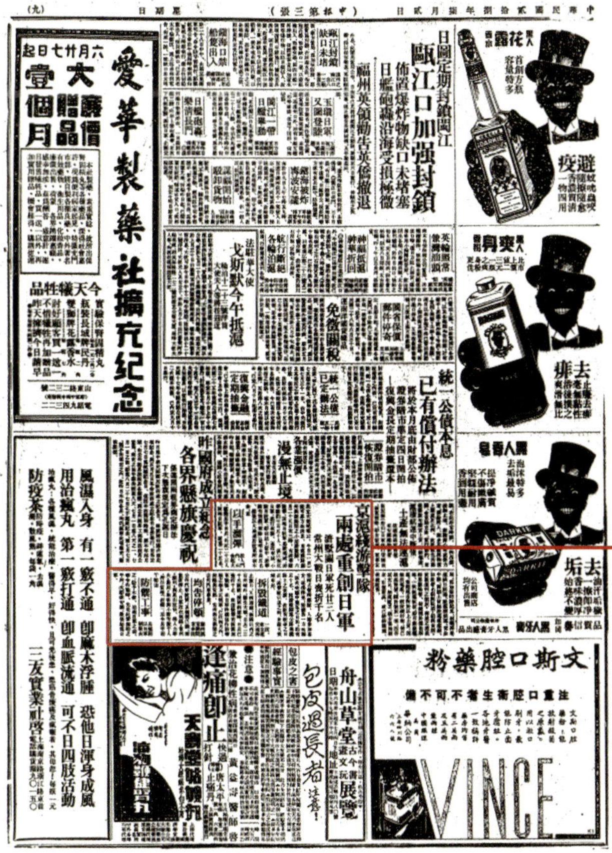

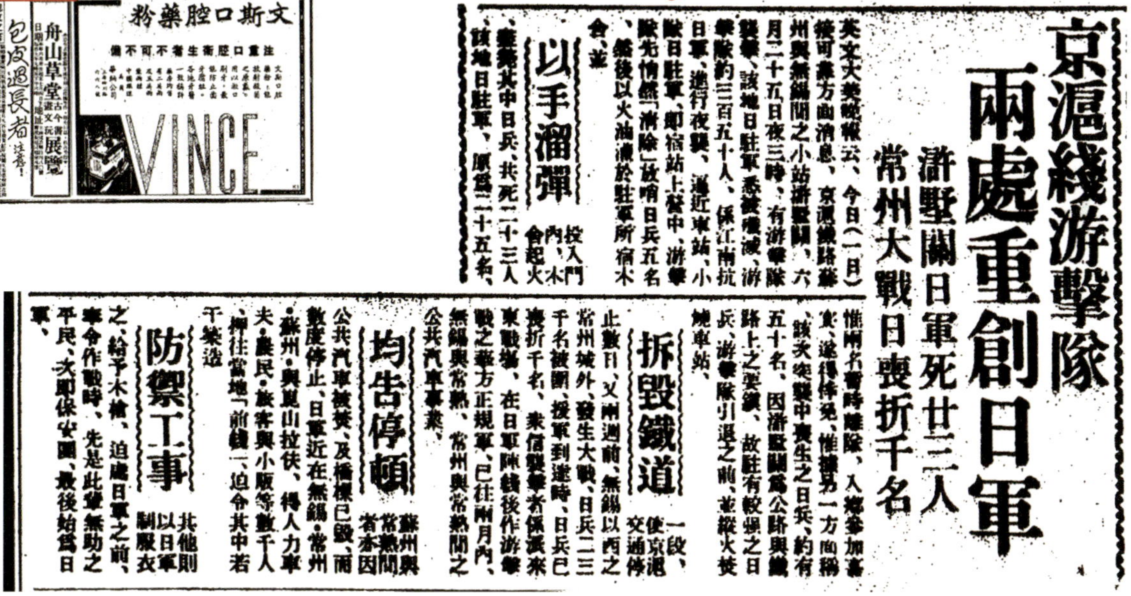

京滬綫游擊隊 兩處重創日軍

滸墅關日軍死廿三人 常州大戰日喪折千名

英文大美晚報云、今日（一日）接可靠方面消息、京滬鐵路蘇州與無錫間之小站滸墅關、六月二十五日夜三時、有游擊隊襲擊、該地日駐軍悉被殲滅、游擊隊約三百五十人、係江南抗日軍、進行夜襲、逼近車站、小隊日駐軍、即宿站上營中、游擊隊先悄然「消除」站哨日兵五名、然後以火油澆於駐軍所宿木舍、並

以手溜彈

投入門內、木舍起火、壓斃其中日兵、共死二十三人、該地日駐軍、原爲二十五名、惟兩名當時離隊、入鄉參加喜宴、遂得倖免、惟據另一方面稱、該次突擊中喪生之日兵、約有五十名、因滸墅關爲公路與鐵路上之要鎮、故駐有較强之日兵、游擊隊引退之前、並縱火焚燒車站、

拆毀鐵道

一段、使京滬交通停止數日、又兩週前、無錫以西之常州城外、發生大戰、日兵二三千名被圍、援軍到達時、日兵已喪折千名、來信謂作戰者係派來東戰場、在日軍陣綫後作游擊戰之華方正規軍、已往兩月內、無錫與常熟、常州與常熟間之公共汽車事業、

均告停頓

蘇州與常熟間者亦因公共汽車被焚、及橋樑已毀、兩數度停止、日軍近在無錫·常州·蘇州·與崑山拉伕、得人力車夫·農民·旅客與小販等數千人、押往當地「前綫」、迫令其中若干築造

防禦工事

其他則以日軍制服衣之、給予木槍、迫處日軍之前、奉令作戰時、先是此輩無助之平民、次則保安團、最後始爲日軍、

1939 年 7 月《申报》关于夜袭浒墅关火车站的报道

夜袭浒墅关火车站战斗指挥部设于东桥马沙桥边吴乐芝家
（侯楷炜摄于1981年）

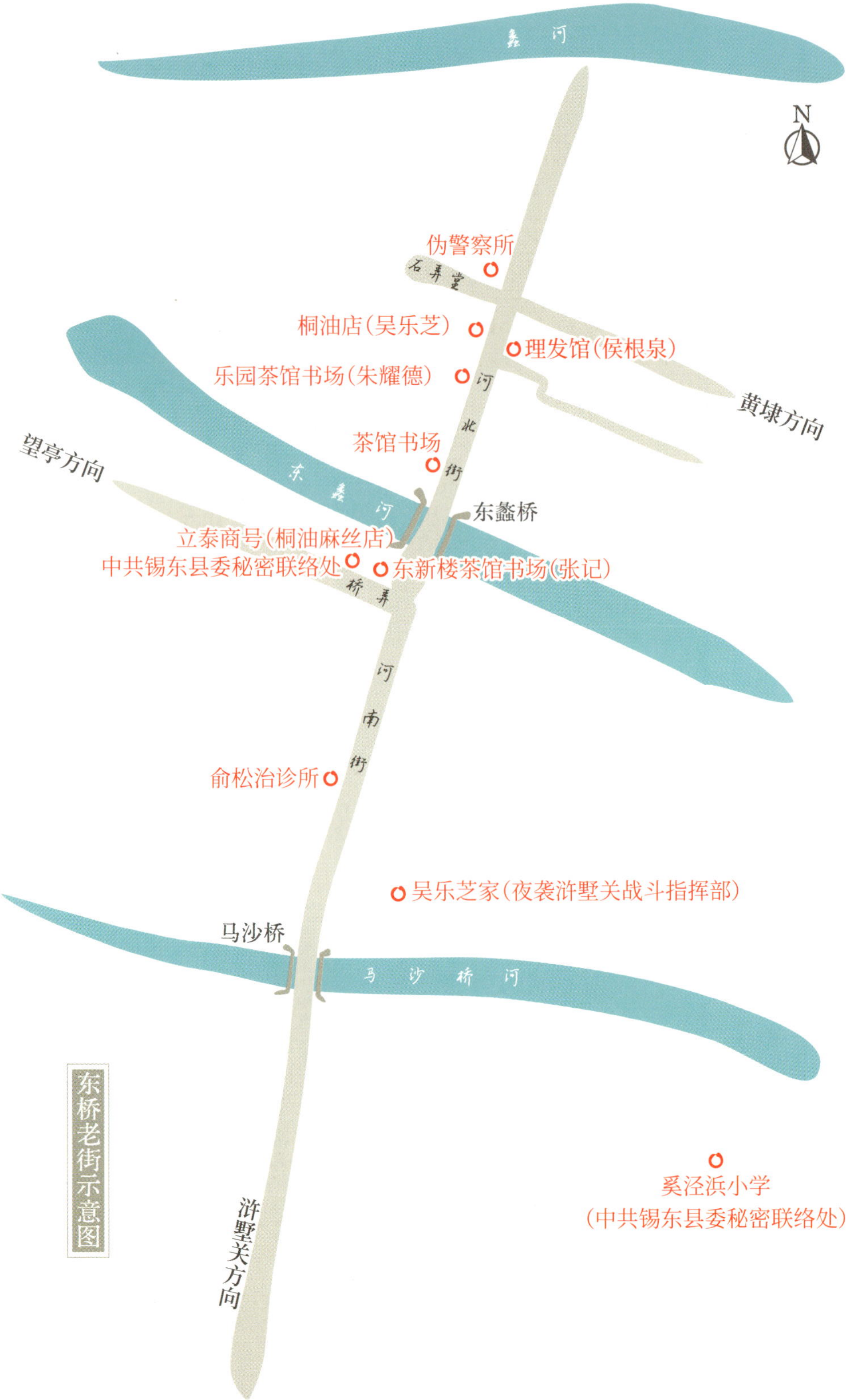

东桥老街示意图

东桥老街现貌（任亚峰摄于 2021 年 4 月） 左图（北街）；右图（南街）

“江抗”夜袭浒墅关火车站途经的东桥马沙桥
（档案史料照片 1980 年代摄）

马沙桥现貌（摄于 2024 年）

曾任“江抗”四路独立一支队副支队长的周达明（1914—1941）

袭击浒墅关的侦察经过

李关玉

……

同年六月二十日左右，“江抗”司令叶飞（当时叫叶琛）、参谋长乔信明找我谈话，问我对浒关地区的情况是否熟悉，我说我就是在这地区教书的。叶司令就告诉我，部队要打浒关，命令我和周达明参谋一起去侦察浒关敌情，要求查明车站及镇上敌驻军情况（日伪军人数武器配备等）和浒墅关周围乡镇的守敌情况、地形、道路等。我和周达明同志扮作兄妹二人，化装成当地的教师模样，从无锡鸿声里趁一只船到吴县的东桥镇。在镇上吃了一碗面，稍作休息，观察了一下周围的动静后就步行到浒关镇……

李关玉回忆录中关于到东桥侦察的记载

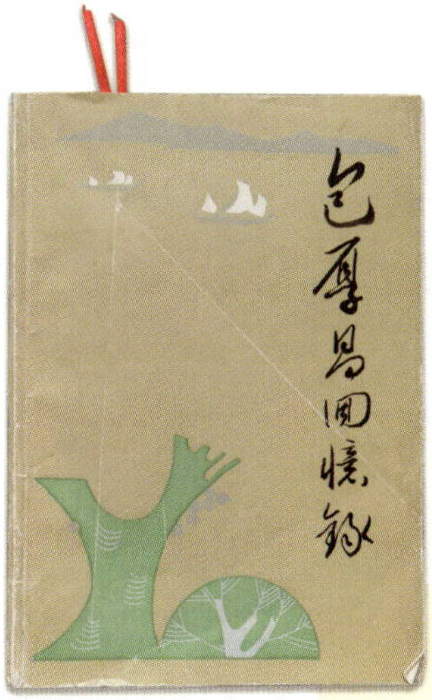

曾任“江抗”三路三连指导员的包厚昌

我三连的任务是攻打浒墅关东北方向的黄埭镇。那是伪军的据点。打黄埭镇是为了牵制敌人兵力，保证浒墅关战斗的全胜。上级规定我连攻击时间必须在浒墅关战斗打响之后，以免打草惊蛇。那天黄昏，部队就在村外集合了，乘着夜色朦胧，不顾雨后道路泥泞，一路小跑从梅村赶到东桥。指挥部设在东桥，然后就分兵向浒墅关和黄埭方向进发。在12点钟以前我连进入攻击阵地。12点刚过，只见浒墅关方向大火冲天，几乎是同时传来阵阵爆炸声和机枪声，我们立即向黄埭镇发起攻击。根据事先侦察得到的情报，伪军驻守在街东头。谁知我们冲到街东头，找不到伪军据点，才知情报出了差错。我估计很可能是搞错了方向，伪军可能驻在街西头，就立即指挥部队沿街向西头进攻。冲到街西头，发现了伪军据点，但是伪军已全部溃逃了，连武器都没有缴到，只见一些被、褥等生活用品狼藉一地。等我们撤出黄埭时，浒墅关战斗也胜利结束了。

包厚昌回忆录及相关内容

始建于三国吴赤乌四年（241），宋代重修的香花桥（《黄埭镇志》记）（摄于2024年）

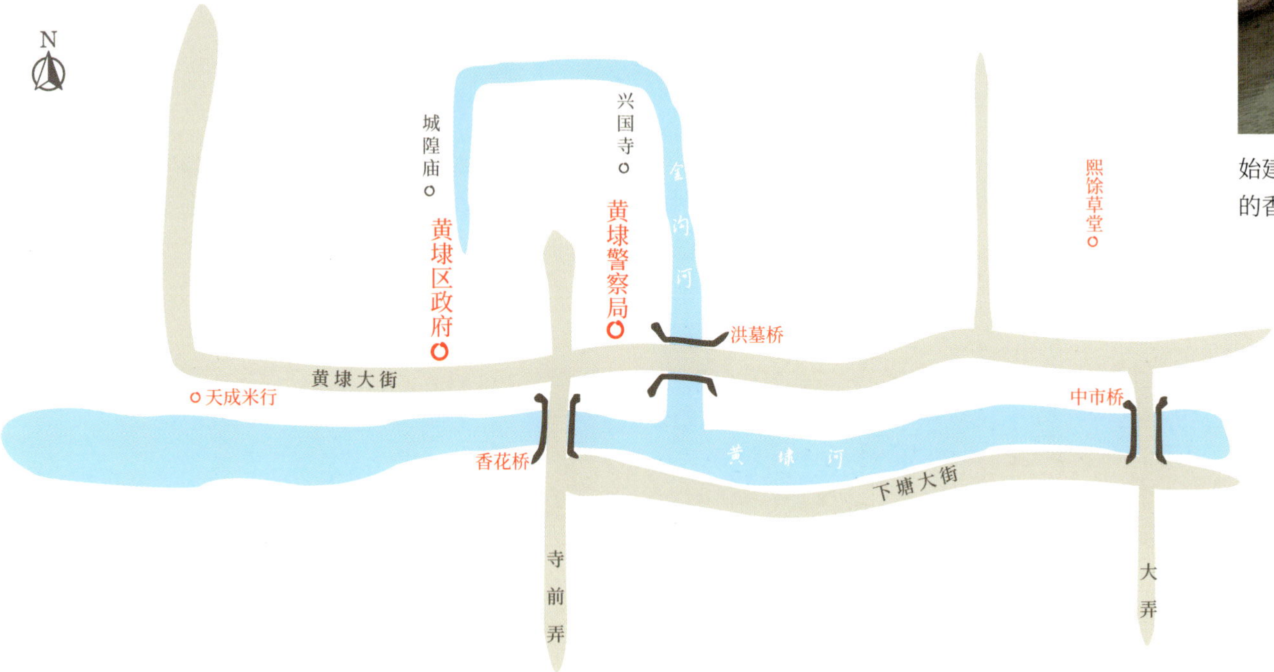

黄埭伪警察局位置示意图

原黄埭伪警察局位置现貌（摄于 2023 年）

熙馀草堂〔状元钱棨曾于乾隆四十九年（1784）为门楼题字〕（摄于 2024 年）

俞松治（俞竹君），曾在东桥行医

一九三九年莳秧季节，有天傍晚，“江抗”一支部队路过东桥到浒墅关去打车站。当天吃过了晚饭，我在药店里，一个赤脚的战士，向我讨双鞋子穿，我连忙向人家借了双鞋子送给他。部队打了车站后，回经东桥，带走了伪镇长金菊生和一名巡官，还有巡官房东一个地主子弟。那次部队路过东桥，纪律严明，雇用的民伕都如期返回，并都给了工资，从这时起，我对新四军有了认识。后来，王中一来东桥，他的哥哥王似农在昌浦教书，逢到星期天都要到我处聊天，谈论国家大事。

选自俞松治回忆录《我在东桥地区从事革命活动的情况》

华中医科学校研究班师生合影（档案史料照片，1946 年摄），前排左一为俞松治

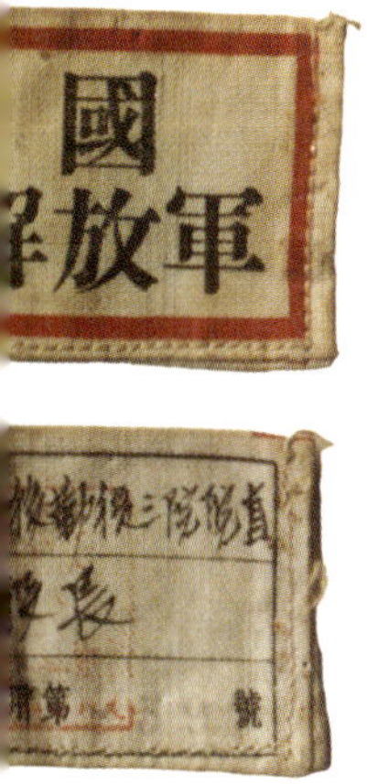

俞松治的中国人民
解放军胸章

俞松治的帽徽

俞松治的人民慰问纪念章

俞松治的华中
医科学校校徽

俞松治学习过的医学书籍

俞松治用以遮盖独轮车和药箱的油布

翁迪民脱险

1939 年 6 月下旬，翁迪民因策反胡肇汉部一个中队未果，被胡关押在洋沟溇村王蕴石家。陆佩娟获悉后，即向“江抗”报告，叶飞派周醒民救出翁迪民。此后，陆佩娟在油泾镇上的茶馆店成为“江抗”和中共苏州县（工）委的秘密情报传递点。

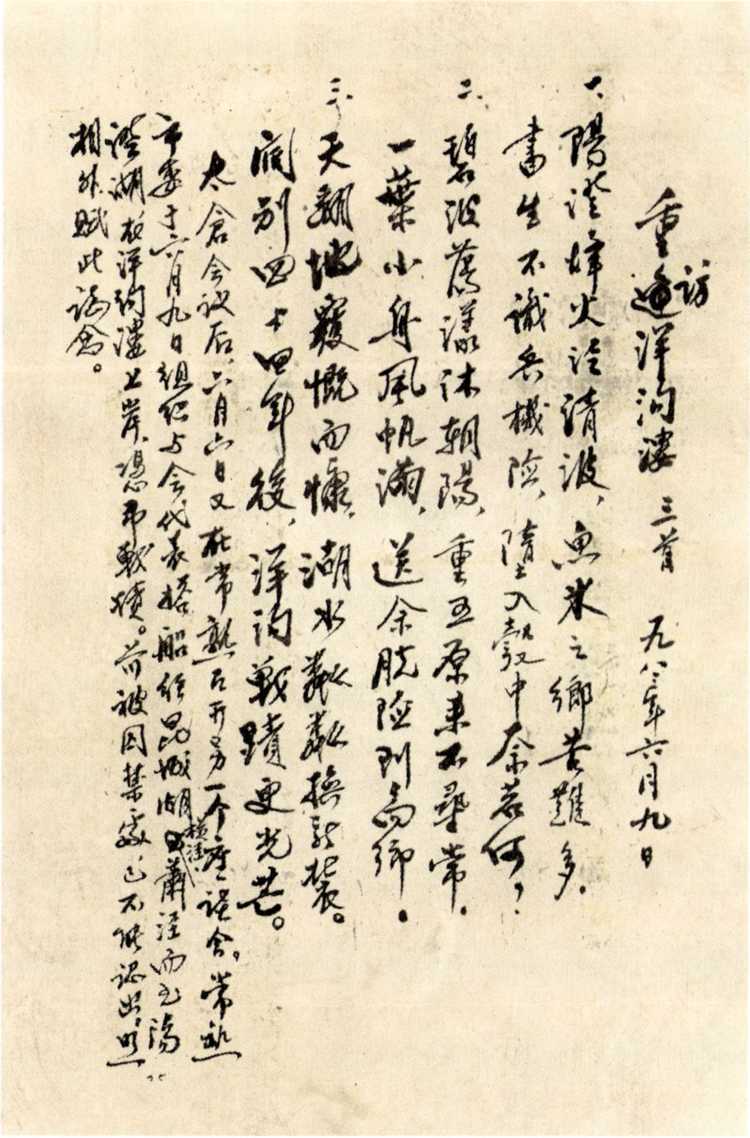

重访洋沟溇　三首　九八三年六月九日

一、阳澄烽火泛清波，鱼米之乡苦难多。
书生不识兵机险，陷入敌中奈若何？

二、碧波荡漾沐朝阳，重过原来不寻常。
一叶小舟风帆满，送余脱险到家乡。

三、天翻地覆慨而慷，湖水粼粼摇彩裳。
阔别四十四年后，洋沟战迹更光芒。

太仓会议后，六月六日又在常熟召开另一个座谈会。常熟市委于六月九日组织与会代表搭船经昆城湖、横泾、萧泾而至阳澄湖和洋沟溇上岸，凭吊战迹。前被困某处已不能认出，可惜，特赋此诗念。

《重访洋沟溇》诗三首（翁迪民作）

（右起）夏光、杨浩庐、翁迪民、王仁安、黄烽、王嶙在洋沟溇村王蕴石家门前留影
（档案史料照片，1983 年摄）

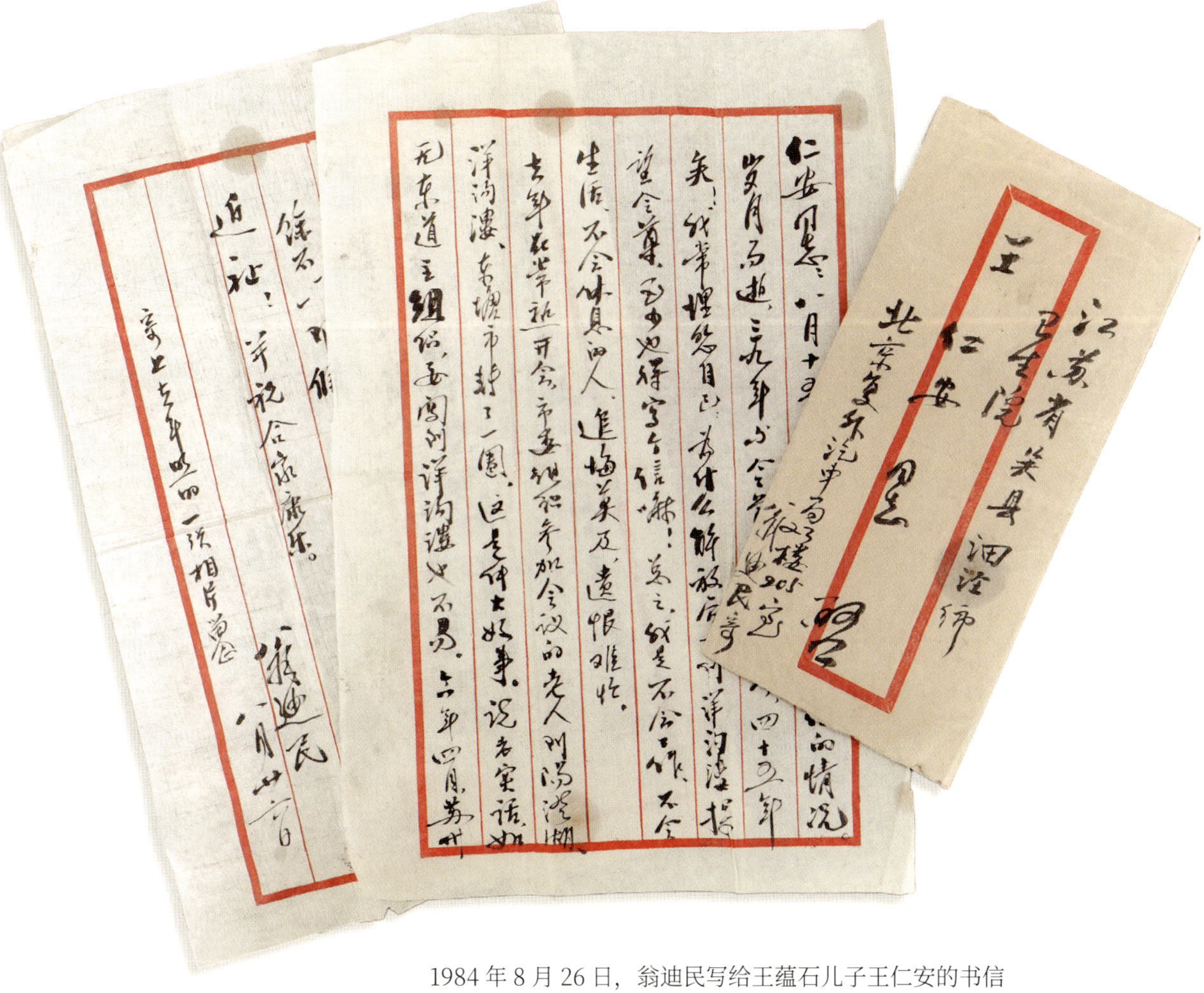

1984 年 8 月 26 日，翁迪民写给王蕴石儿子王仁安的书信

宫岳脱险

姚育才

我于1939年春被委任为国民党吴县第七区区长。其时，吴县沦陷年余，汪伪统治，我被委之职，亦属国民党秘密地下区长。我由上海出发，越过常熟浒浦封锁线而至洇泾镇，亦即我的老家，当已公历5月。

两天后，胡肇汉率队来镇。时在国共合作时期，共产党员宫岳（当时不知其政治身份，只知与“江抗”有联系）亦随胡同至。宫岳与我接谈，了解一些上海方面情况后，当晚留住我家，与我同床抵足而眠。晨起后，宫岳去茶楼，邀我和汪寄萍品茗长谈。翌日，我突闻宫岳已于晚间为胡部绑去，并欲杀害之，时已9时许。宫岳说服看守人员，只身前来我家，相商如何脱身。询其原因，则胡肇汉认为宫有拉走部队之企图。时已11时许。我急与宫岳同往镇长高荫培家。适高外出，夫人陆佩娟（我寄女之母）闻情，意宜马上离开此地，并愿设法找船。

此时，胡肇汉已追令看守人员追到高家，欲将宫岳揪去。我认为如任其将宫单独揪去，则凶多吉少。而我同胡肇汉仅一面之交，力量薄弱，我跟同前去，难说服胡。情急中忽想到镇上之国民党旧军人汪寄萍曾是胡的上司，与胡熟稔，请他出面或许有望，乃邀他一同前往。

不料我等经阜安桥渡河正在西岸麦田间行走之时，胡肇汉忽自田间窜出，手持棍棒将宫岳毒打。我奋力上前将棒夺下。

姚育才回忆录《宫岳脱险》相关内容，宫岳系翁迪民化名

中共地下交通员陆佩娟

电视纪录片《阳澄湖畔鱼水情》摄制组在沺泾茶馆采访石雪珍（陆佩娟侄媳、陆义烈士夫人）（档案史料照片，1987 年摄）

洋沟溇村（档案史料照片，1991 年摄）

今日沺泾茶馆（摄于 2024 年）

今日洋沟溇村（摄于 2023 年）

“江抗”进驻阳澄湖畔

1939 年 6 月底至 7 月初，“江抗”部队顺利从无锡梅村东进至太平桥镇殷家浜村，指挥部设在古香庵，叶飞住在殷家浜姚家。后叶飞至太平桥镇与胡肇汉进行谈判，将胡部收编为“江抗”四路独立第一支队，周达明为副支队长，掌握部队指挥权。

“江抗”指挥部驻地——殷家浜古香庵
（档案史料照片，1980 年代摄）

叶飞居住的殷家浜姚家
（档案史料照片，1980 年代摄）

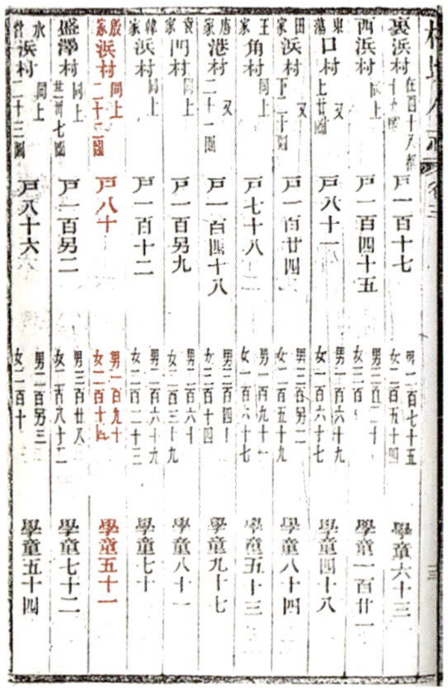

裏浜村 在西十八都十九圖	戶一百十七	男一百七十五	女一百五十四	學童六十三
西浜村 同上	戶一百四十五	男二百二十	女二百	學童一百廿一
東蕩口村 上廿圖 又	戶八十一	男一百六十九	女一百六十七	學童四十八
田家浜村 下二十圖 又	戶一百廿四	男二百另二	女一百五十九	學童八十四
王家角村 同上	戶七十八	男一百九十一	女一百六十七	學童五十三
唐家港村 二十一圖 又	戶一百四十八	男二百四十一	女二百十四	學童九十七
袁家門村 同上	戶一百另九	男一百六十一	女一百三十九	學童八十一
韓家浜村 同上	戶一百十二	男一百六十九	女一百二十三	學童七十
殷家浜村 同上 二十二圖	戶八十	男一百九十	女一百十四	學童五十一
盛澤村 廿二十七圖 同上	戶一百另二	男三百廿八	女二百八十二	學童七十二
水浜村 同上 二十三圖	戶八十六	男一百另三	女二百十	學童五十四

1929 年出版的《相城小志》中记载的殷家浜

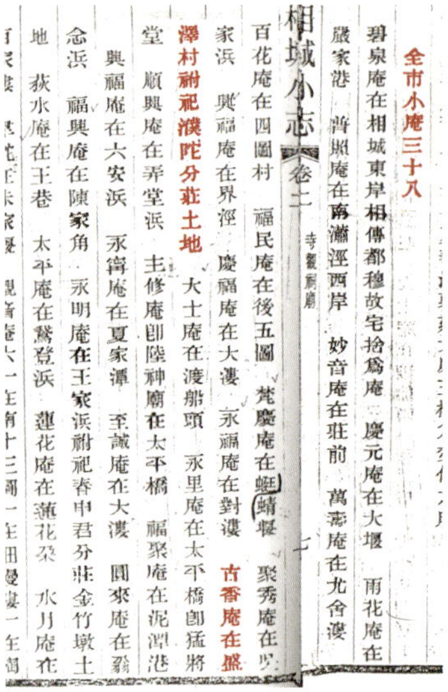

全市小庵三十八

碧泉庵在相城東岸相傳都穆故宅捨爲庵　慶元庵在大堰　雨花庵在嚴家港　普照庵在南瀟涇西岸　妙音庵在莊前　萬壽庵在尤舍漊

相城小志 卷二 寺觀祠廟 七

百花庵在四圖村　福民庵在後五圖　梵慶庵在蜓蜻堰　聚秀庵在[illegible]家浜　興福庵在界涇　慶福庵在大漊　永福庵在對漊　古香庵在盛澤村祔祀濮陀分莊土地　大士庵在渡船頭　永里庵在太平橋即猛將堂　順興庵在弄堂浜　主修庵即陸神廟在太平橋　福聚庵在泥潭港　興福庵在六安浜　永寧庵在夏家潭　至誠庵在大漊　圓來庵在[illegible]念浜　福興庵在陳家角　永明庵在王家浜祔祀春申君分莊金竹墩土地　荻水庵在王巷　太平庵在鶯登浜　蓮花庵在蓮花朶　水月庵在

1929 年出版的《相城小志》中记载的古香庵

殷家浜村现貌（摄于 2023 年）

叶飞与胡肇汉谈判处（太平老街王皋故居）（摄于 2022 年）

叶飞与胡肇汉谈判场景还原（摄于 2016 年）

知情人介绍叶飞与胡肇汉谈判的情况
（档案史料照片，1980 年代摄）

周达明烈士纪念馆（昆山歇马桥村）（摄于 2024 年）

这一连串的胜利，打出了军威，人民欢欣鼓舞，敌人闻风丧胆。在东进过程中，许多地方党领导的抗日武装，相继改编成为“江抗”建制。我上海党组织也积极动员工人青年学生和店员下乡参加新四军。从1939年5月到8月的短短3个月时间里，“江抗”从1000余人发展到5000余人，为了统一指挥，整编为二、三、四、五等四路部队（一路相当于一个团）。

二路：由六团一、二营和新六梯团等地方抗日武装组成。司令吴焜（兼），副司令陈震寰。

三路：由原“江抗”三路（梅光迪、何克希部）、常熟“民抗”和吕炳奎部组成，司令何克希（兼），参谋长徐绪奎，政治主任杨浩庐。

四路：由强学增部（独立二支队）、胡肇汉部（独立一支队）和杨忠部（独立四支队）组成。司令乔信明（兼），副司令强学增、杨忠、胡肇汉，政治主任李一平。

五路：由六团三营、周嘉禄部（独立大队）和江阴地方抗日武装组成。司令朱松寿，副司令梁金华，参谋长夏光（兼），政治主任张志强。

黄烽回忆录《东进作战》中记载的“江抗”部队组成情况

周达明等烈士墓遗址（上海青浦区朱家角镇）
（摄于 2024 年）

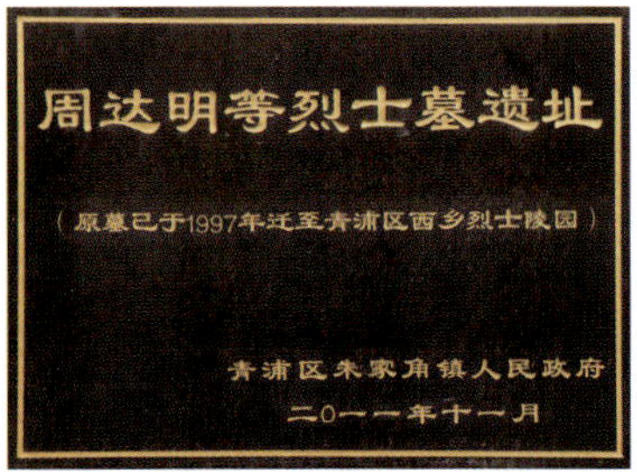

《江南》杂志社

《江南》为东路特委机关刊物，1939 年 6 月底至 7 月初，《江南》杂志社编辑部随“江抗”部队一起进驻太平桥镇（杂志社在鹅墩浜村），主编张困斋化名秦国维，印刷地为村中观音堂（太平庵）。

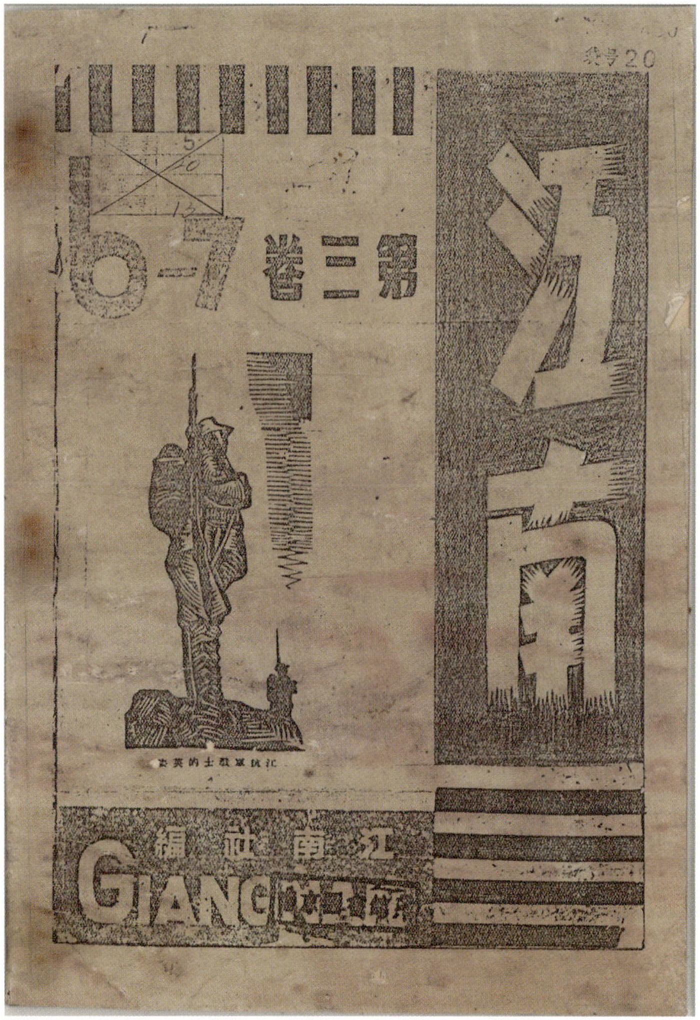

“江抗”与东路特委联合创办的半月刊《江南》杂志

署　名	真　名
凡星、枭荒	张　英
言　林	张困斋（秦国维）
茜　蘅	王赓唐
军子、蒲军	李蒲军
第6、7、9期编后	张困斋（秦国维）
陈耀华	翁迪民
姚燕芬	姚　旭

《江南》杂志署名与真名对照表

我们油印组活动在太平桥西三里路左右——鹅墩浜的小村子里。那里河网交叉，差不多农民每家都有一条小船，因为南面靠近阳澄湖，种田、走路都得用船，所以船是农民的交通运输工具，也是生产工具。我们在村子中间一座破落的祠堂内搞出版党的刊物。

……

我们在鹅墩浜一个小村里不到两个月，敌伪已经进行了数次扫荡，敌寇每次扫荡我们都得到了群众掩护，他们给我们传情报、侦查放哨，所以敌伪经过什么地方，向什么地方，多少人，我们总是一清二楚。群众还把木船借给我们，为我们撑船做向导，敌寇从东面来，我们转到西边去，敌寇从北面来，我们就转到南边去，就在小河浜里转来转去。如果你不知道河道，说不定就钻进断头浜，就是死河，船就驶不出去。那里河网交叉，地形对我们极为有利。有一次，所有河道都被敌寇扼守住，我们只得把油印机墨纸张放进稻田中间的田埂上，人打扮成农民模样，坐在车盘上，一面观察敌情，赶着牛转。

顾肇基回忆录《在苏州抗联——记油印工作出版〈江南〉半月刊》中记载的鹅墩浜村

1939年9月，我由上海地下党调遣进入江南游击区，即苏州阳澄湖边的太平桥地区，那时是叶飞带领的“江抗”东进之后，部队主力转向江北挺进。太平桥镇上设有我们的办事处，主任是景毅同志，他是绍兴人，会管账，记忆中也是银钱业的，上海下去的。

特委的张英同志也在太平桥，他也是上海学协下乡的。我到太平桥一行七人，都是由张英同志谈话分配工作的。我分配在特委机关秘书文印工作，具体负责密写和油印党内文件。我先住在太平桥镇西南一个农村里，由傅学勤带去并安排食宿，和我同住一起的一位就是秦国维。在我俩住处几乎相连的另一村上还住着一些同志。过后不久，从上海又来了一批青年“文化人”，其中有李蒲军，还有会木刻的和歌咏的男女青年，记得大家要李蒲军写些分析国际国内形势的文章，这批同志就是“江南社”。

韩祥林回忆录《关于秦国维同志的情况》相关内容

《江南》杂志编辑之一李蒲军

纪念革命烈士张困斋诞辰 100 周年专辑《丹红染青春》

上海龙华烈士陵园关于张困斋烈士的介绍（任亚峰摄于 2023 年）

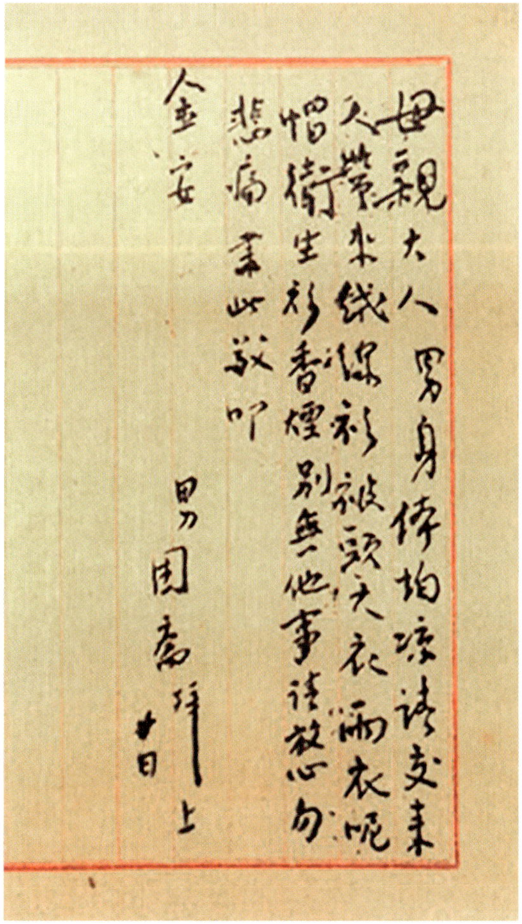

母親大人：男身体均好，請交來人帶來綫絨衫、被頭、大衣、雨衣、呢帽、衛生衫、香煙。別無他事，請放心，勿悲痛。專此敬叩
金安
男 困斋 拜上
廿日

张困斋在狱中给母亲写的信

1949 年 8 月 28 日，上海民众送葬李白、张困斋、秦鸿钧三烈士

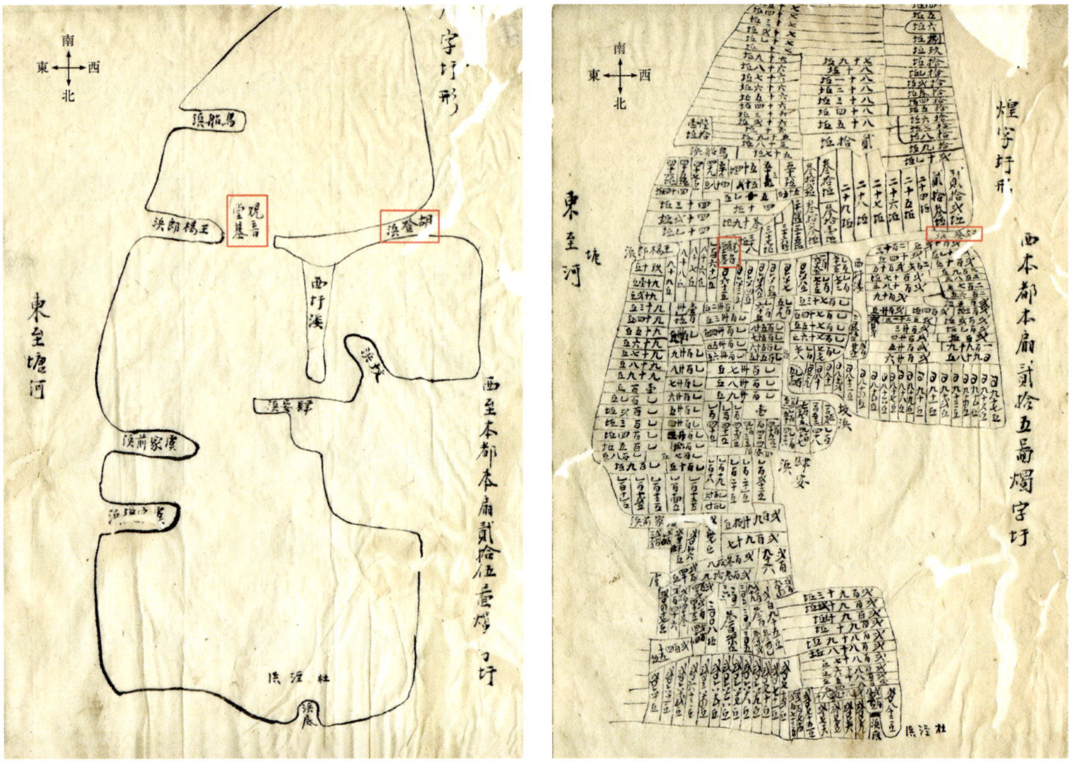

光绪二十三年（1897）太平桥地区《鱼鳞册》中记载的鹅墩浜（胡登浜）与观音堂

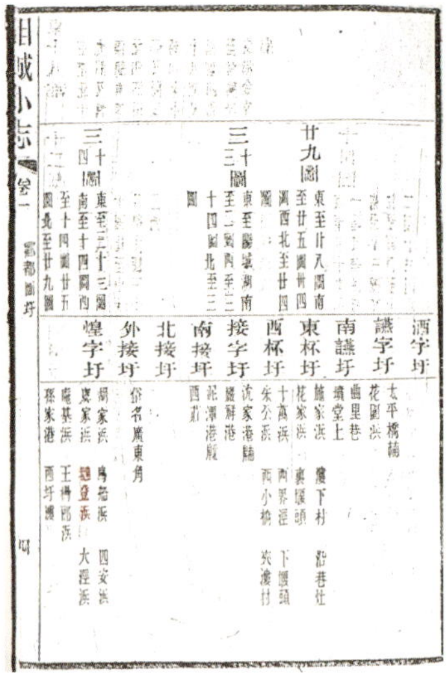
相城小志 卷一
廿九圖 東至廿八圖南至廿五圖西北至廿四圖
三十三圖 東至陽澄湖南至二圖西至三十四圖北至三十二圖
三十四圖 東至三十三圖南至十四圖西至廿五圖北至廿九圖
酒字圩 太平橋
讌字圩 花園浜 西里巷
南讌圩 墳堂上 沿巷灶
東杯圩 施家浜 花家浜 寰下村 裏堰頭
西杯圩 十萬浜 朱公浜 南界涇 西小橋 下堰頭 夾漊村
接字圩 沈家港 鐵蔀港 泥潭港
南接圩 西莊
北接圩
外接圩 俗名廣東角
煌字圩 胡家浜 鳥船浜 四安浜 東家浜 鵞登浜 大涇浜 庵基浜 王帶郎浜 孫家港 西圩瀆

1929 年出版的《相城小志》中记载的鹅墩（登）浜

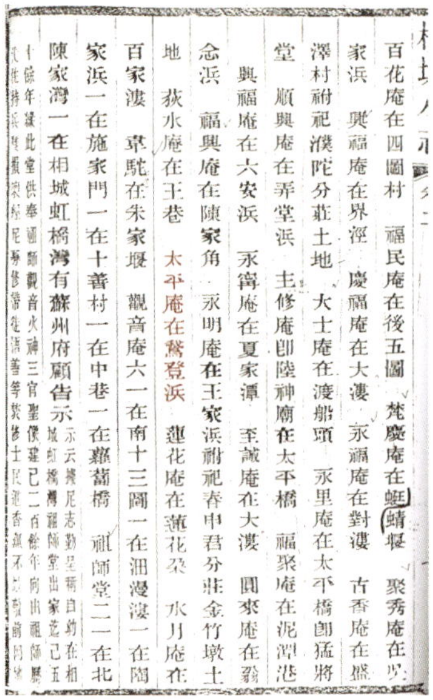
百花庵在四圖村 福民庵在後五圖 梵慶庵在蜓蜻堰 聚秀庵在
家浜 興福庵在界涇 慶福庵在大漊 永福庵在對漊 古香庵在
澤村祔祀濮陀分莊土地 大士庵在渡船頭 永里庵在太平橋即猛將
堂 順興庵在弄堂浜 圭修庵即陸神廟在太平橋 福聚庵在泥瀆港
興福庵在六安浜 永甯庵在夏家潭 至誠庵在大漊 圓來庵在
念浜 福興庵在陳家角 永明庵在王家浜祔祀春申君分莊金竹墩土
地 荻水庵在王巷 太平庵在鵞登浜 蓮花庵在蓮花朶 水月庵在
百家漊 臯駝在朱家堰 觀音庵六一在南十三圖一在泗漊漊一在
家浜一在施家門一在十善村一在中巷一在雞蔔橋 祖師堂二一在北
陳家灣一在相城虹橋灣有蘇州府顧告示

1929 年出版的《相城小志》中记载的太平庵

2012 年相城区地图中标记有鹅墩浜村

鹅墩浜村现貌（摄于 2023 年）

叶飞在阳澄湖上

1939 年 7 月，“江抗”以阳澄湖地区为根据地，继续分兵东进嘉定、青浦、虹桥等地，9 月初返回阳澄湖地区。

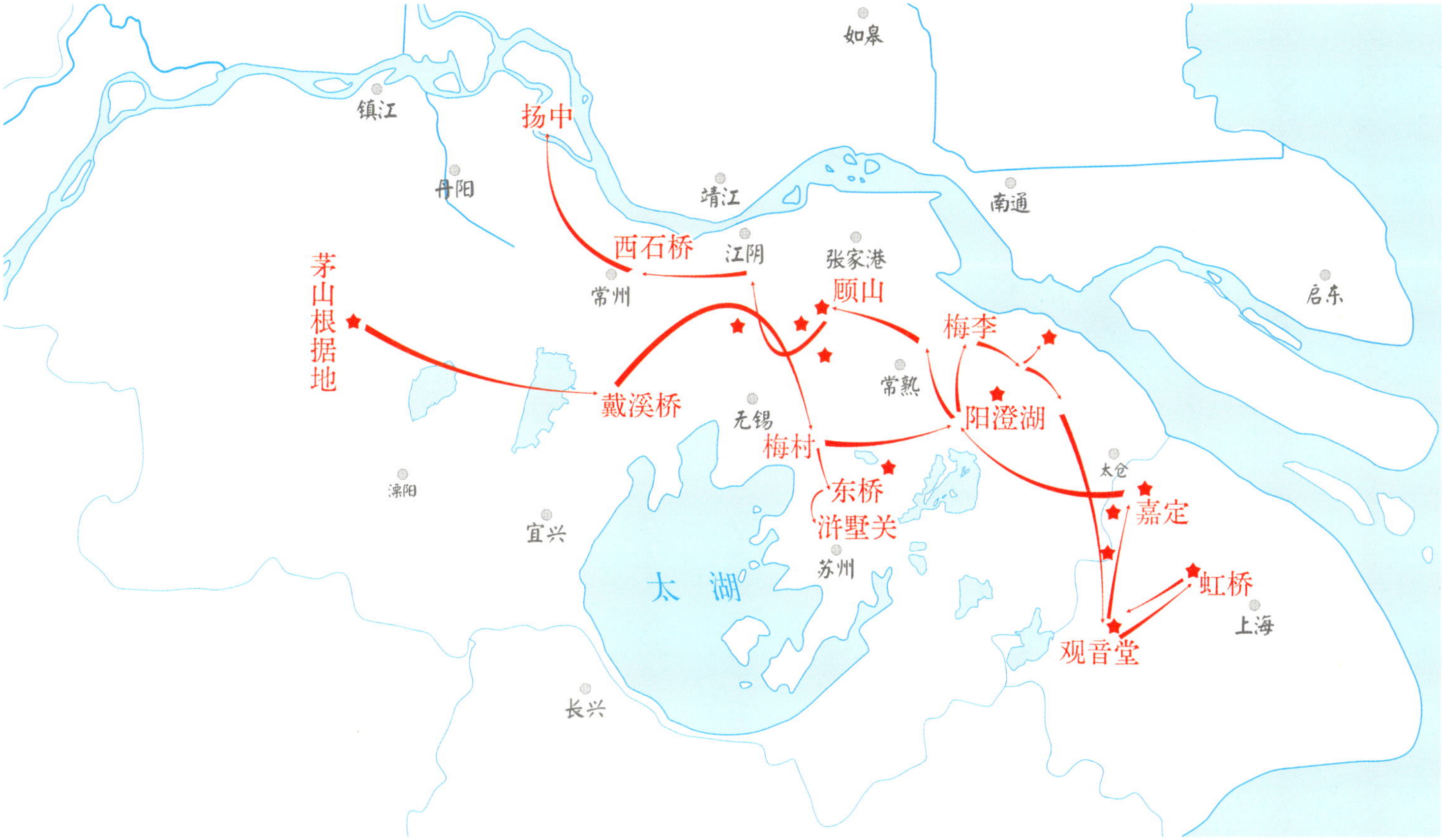
如皋
镇江
扬中
丹阳
靖江
南通
西石桥
江阴
张家港
常州
顾山
启东
茅山根据地
梅李
常熟
戴溪桥
无锡
阳澄湖
梅村
太仓
东桥
嘉定
溧阳
浒墅关
宜兴
苏州
太湖
虹桥
上海
观音堂
长兴

"江抗"东进行军示意图

叶飞在阳澄湖上（档案史料照片，1939 年摄）

“江抗”在阳澄湖上行军（档案史料照片，1939 年摄）

那时，在东路打游击简直是“现代化”的，部队行军不用走路，而是坐船。由汽艇拖着，一拖就拖上十几条民船，等于一个船队。这种“机械化部队”威风得很。有些同志怕敌后怕得要命，其实河网地区条件比北方青纱帐还好。青纱帐顶多几个月，一落就光秃秃的一片。而江南水乡河网却隐蔽得很好，有圩岸遮住敌人的视线，特别是阳澄湖的芦苇荡，岸上一般是看不到的。河网四通八达，加上我们又有群众带路，行动自如，而日伪军两眼抹黑。我们想打他，就出击一下，如不愿和他纠缠，一转身就躲掉了，敌人连看也看不到。所以，苏常太这个地区也有它的两面性，表面上敌人兵力强大，交通发达，很可怕，实际上我们在这里比北方的白洋淀条件还要好。部队发展很快，到了十月份有一个初步统计，包括地方武装，我们一共发展到六千多人。主力是两路，一是六团，东进前六百多人，发展到近二千人；二是徐绪奎的部队，有一千多人，而且战斗力都提高了。

叶飞《“江抗”在阳澄湖上》一文中关于新四军在阳澄湖上坐船行军的描述

“江抗”部队出入消泾的河道（档案史料照片，1980 年代摄）

消泾河道现貌（摄于 2023 年）

支付匯劃規定辦法

昨夜滬西槍聲緊張

新四軍抵滬西 中日軍有激戰

昨晚義防軍緊急出動

浦東日偽趕築公路

1939 年 7 月《大美晚报》关于新四军激战上海虹桥的报道

六团东进后，不断打胜仗，扩大了抗日根据地，这不仅震撼了日军和南京的伪政权，也使国民党顽固派大为震惊。9月初，我“江抗”部队回师刚进入顾山地区，忠义救国军第五、第十支队趁我立足未稳，即向我发起进攻。我军进行了自卫反击，将其击退。他们不甘心失败，又从宜兴山区调其主力第一、第二支队赶来增援，于9月中旬，再次挑起磨擦，在锡东一带和我军激战了一天。为避免扩大冲突，我军即向西北转移。但到达江阴马塘镇附近时，又遭到他们的侧击。六团副团长吴焜同志不幸牺牲。随后，新四军二团赶到了江阴地区和“江抗”会合，准备全面反击忠义救国军的猖狂进攻。面对一触即发的形势，为了团结抗战，避免事态继续扩大，我新四军军部和国民党第三战区进行了谈判，决定双方部队同时撤兵。我部撤到扬中地区休整，待机向北发展，忠义救国军的主力也撤回宜兴地区。

黄烽回忆录《东进作战》中记载的“江抗”西撤部分内容

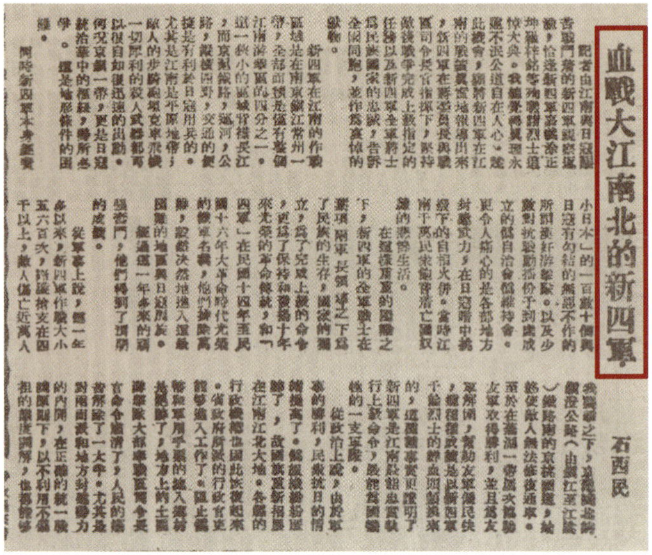
血戰大江南北的新四軍

石西民

1939 年 8 月《新华日报》关于江南新四军的报道（部分）

军号响，哒哒嘀；新四军，打游击。
今日东，明日西；今日散，明日聚。
敌人多，就撤退；敌人少，就袭击。
打仓库，缴武器；打汽车，夺军衣；打汽艇，有穿吃。
日寇当了运输队，老百姓个个笑嘻嘻。

《叶飞回忆录》中记载的当年老百姓赞颂新四军的歌谣

阳澄来了新四军，
“江抗”“民抗”一条心，
保家卫国向前进，
杀光东洋害人精。

阳澄湖当地老百姓赞颂新四军的歌谣《阳澄来了新四军》

中共苏州县（工）委成立

1939年9月，中共苏州县（工）委在太平桥镇裕源米行成立，翁迪民任书记，先后成立太平（书记周斌）、湘城（书记吕品生）、南桥（书记杨子清）、渭塘（书记钟延龄）、悬珠（书记钟延龄兼）、消陆（书记徐克强）六个区委。

中共苏州县（工）委成立旧址——太平桥镇裕源米行
（档案史料照片，1980 年代摄）

中共苏州县（工）委旧址现貌（摄于 2023 年）

翁迪民、李雪君夫妇重返太平桥镇留影
（档案史料照片，1985 年 10 月摄）

翁迪民、李雪君夫妇骨灰由子女护送，撒在阳澄湖中
（档案史料照片，1992 年 12 月 31 日摄）

曾任中共苏州县（工）委南桥区委书记的杨子清烈士及烈士墓（1917—1941）

1941年3月至5月任中共洋澄县工作委员会书记的徐克强烈士（1908—1942）

曾任“江抗”太平桥办事处主任的蔡悲鸿

诸敏重访太平桥。诸敏1939年9月任中共苏州县（工）委太平桥区委委员，12月任苏州县常备队队长（档案史料照片，1986年5月摄）

徐克强（后排右二）在上海国际第一难民收容所宣传抗日合影

苏州县常备队（档案史料照片，1940—1941 年间摄）

多做棉衣支前方

秋风起、秋风凉，“江抗”“民抗”上战场。“江抗”“民抗”上战场，我伲在后方，多做几件棉衣裳，帮助伊笃打胜仗；打胜仗、打胜仗，收复失地保家乡。

秋风起、秋风凉，千百勇士上前方。千百勇士上前方，我伲在后方，多做几件棉衣裳，帮助伊笃杀东洋；杀东洋、杀东洋，把它赶下鸭绿江。

秋风起、秋风凉，雁门关内雪万丈。雁门关内雪万丈，我伲在后方，多做几件棉衣裳，帮助伊笃守国防；守国防、守国防，明早会师黑龙江。

秋风起、秋风凉，平型关外云飞扬。平型关外云飞扬，我伲在后方，多做几件棉衣裳，帮助伊笃夺沈阳；夺沈阳、夺沈阳，中华民族快解放。

1939 年 9 月，中共苏州县（工）委成立，在县、区工委的积极工作下，阳澄湖地区抗日情绪空前高涨，各种抗日群众团体纷纷成立，宣传抗日的胜利消息，侦察敌情，站岗放哨。妇女们捐献草鞋三千双，支援“江抗”战士，消陆区的“妇抗会”组织妇女做军鞋、做棉衣，她们边做边唱自编的歌谣，其中消泾有一个盲姑娘一边舂米一边歌唱，情景十分动人。这首《多做棉衣支前方》就是其中的一首。

母子英烈

1939 年 9 月，消泾沈菊英家设立“江抗”办事处、中共苏州县（工）委联络站。沈菊英及儿子陆义先后为革命事业英勇牺牲。

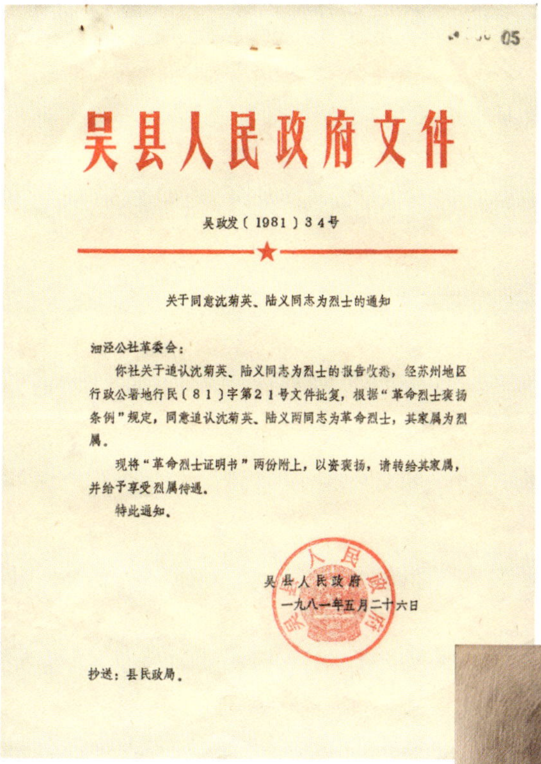

吴县人民政府文件

吴政发〔1981〕34号

关于同意沈菊英、陆义同志为烈士的通知

洄泾公社革委会：

你社关于追认沈菊英、陆义同志为烈士的报告收悉，经苏州地区行政公署地行民〔81〕字第21号文件批复，根据“革命烈士褒扬条例”规定，同意追认沈菊英、陆义两同志为革命烈士，其家属为烈属。

现将“革命烈士证明书”两份附上，以资褒扬，请转给其家属，并给予享受烈属待遇。

特此通知。

吴县人民政府

一九八一年五月二十六日

抄送：县民政局。

1981年吴县人民政府关于同意沈菊英、陆义同志为烈士的通知

陆义烈士（1922—1941）

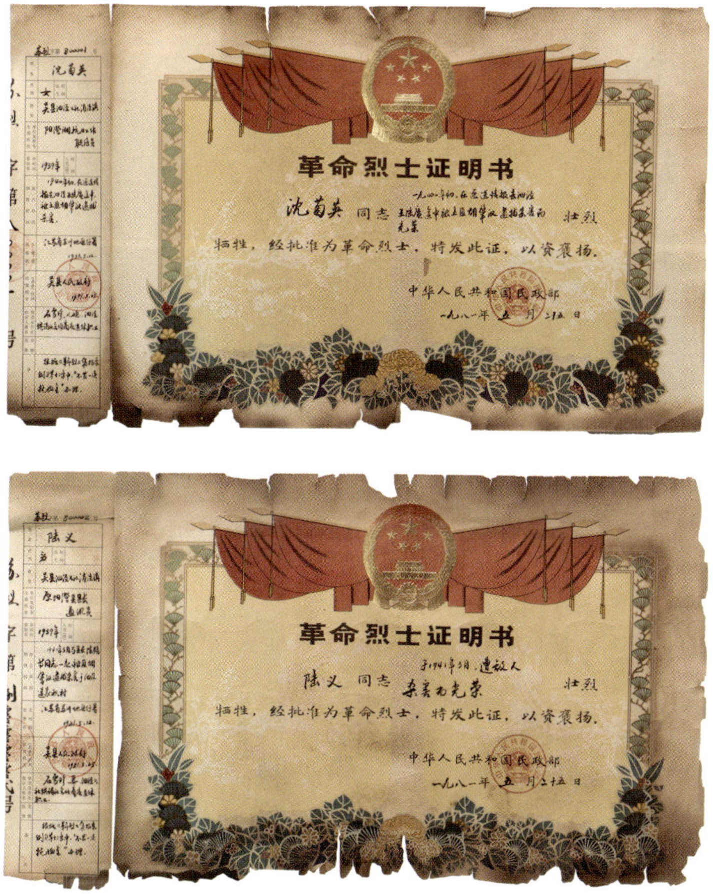

沈菊英（1902—1940）、陆义（1922—1941）革命烈士证明书

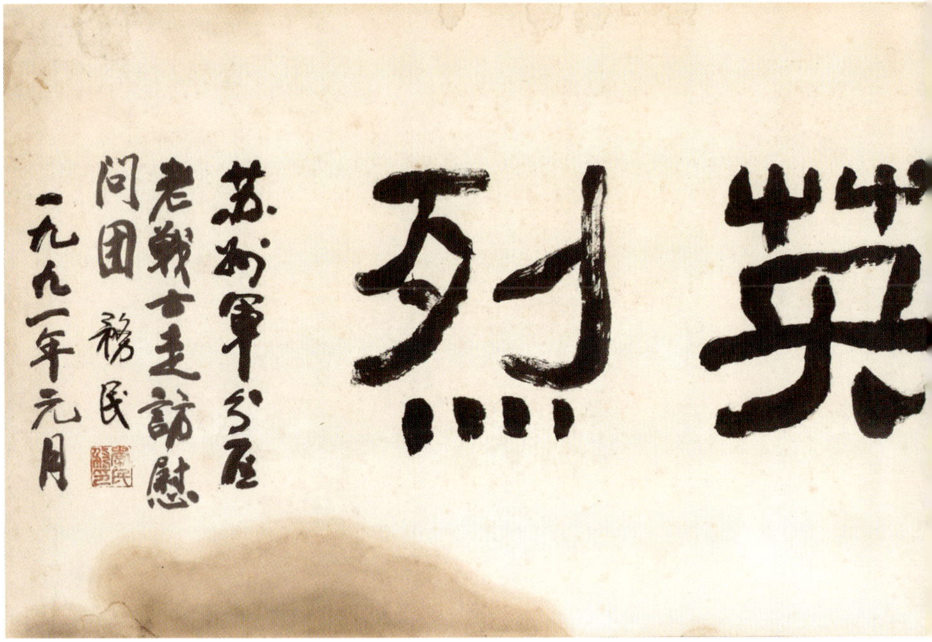

“母子英烈”题字人李务民与陆义后人合影（任亚峰摄于 2022 年 11 月）

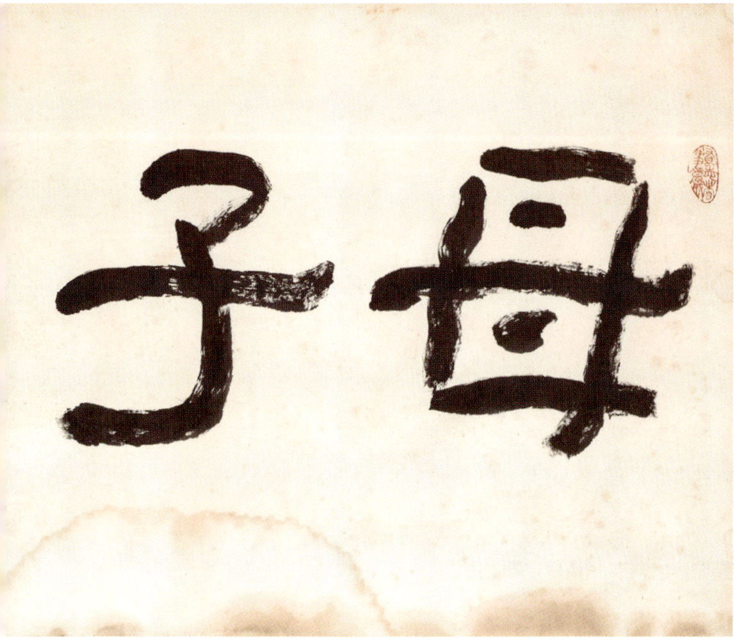

李务民题字

曾任中共消陆区委书记的张梅（后排）与消泾石雪珍（陆义夫人）及陆智铃（陆义之子）合影（档案史料照片，1980 年代摄）

消陆区地下交通站——沈菊英家（档案史料照片，1980 年代摄）

陈列馆内景（档案史料照片，1995 年 8 月摄）

阳澄湖地区抗日斗争史迹陈列馆揭幕（沈菊英、陆义家）
（档案史料照片，1995 年 8 月 14 日摄）

陈列馆内景（摄于 2023 年）

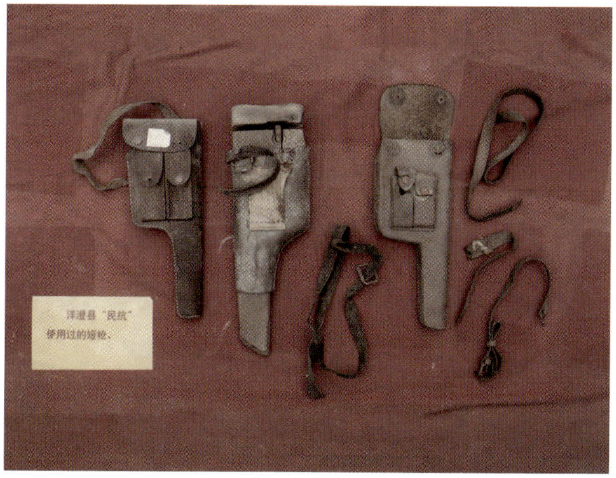

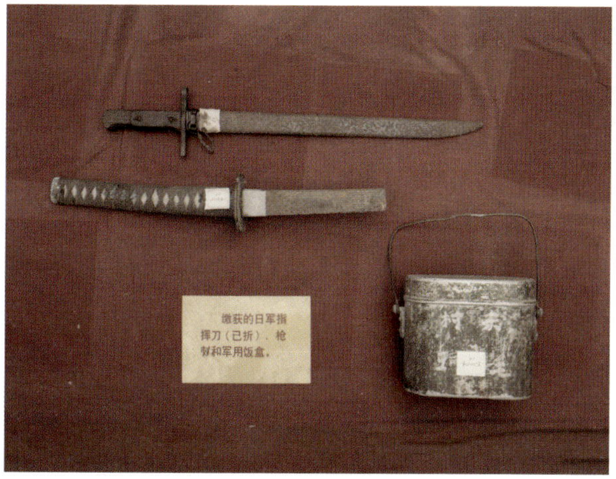

馆内陈列的“江抗”战士使用过的物品（摄于 2023 年）

阳澄湖“江抗”纪念馆（摄于 2024 年）

纪念馆内景（再现“江抗”部队住宿的场景，摄于 2024 年）

纪念馆内景（再现群众做棉衣支援“江抗”部队的场景，摄于 2024 年）

三十六名伤病员

1939 年 9 月初，“江抗”部队奉命西撤，在阳澄湖地区留下三十六名伤病员，其养伤地位于相城区境内张家浜、横川心泾、长浜、消泾、陆巷及常熟境内横泾、西董家浜等村庄。

横川心泾现貌（摄于 2024 年）

三十六名伤病员之一的刘飞

刘飞将军和夫人朱一

1939 年 9 月 22 日刘飞在顾山战斗中中弹重伤。图为 1984 年 10 月刘飞将军去世后，从他身体内取出的当年的子弹

当时的环境确实是十分艰苦险恶的。所谓“后方医院”，是既不在“后方”，也不成其为“医院”的。我们经常流动在横川心泾、陆巷、消泾、长浜、张家浜、西董家浜一带，最远的敌伪据点离我们不过一二十里，近的只有几里。情况较好时，农家的客堂、厨房、牛棚、猪圈是我们的病房，卸下的门是我们的床位。情况不好，就只能常在阳澄湖上飘泊，数叶渔舟，就是我们的一切。这里，药品和医疗器械也非常缺少，由于敌人的重重封锁，红汞、碘酒、棉花、纱布也不容易弄到。然而，只因为有党的关怀，有人民的爱护，有同志间砍不断、打不烂、愈炼愈深的阶级感情的相互鼓舞，我们不但在艰苦险恶的环境里生活下来，而且生活得很好。

刘飞将军回忆录《阳澄湖畔》中提及的伤病员养伤地点

秋后，天气渐渐由凉转寒，阳澄湖的芦苇大部分被割光了，再没有一点遮风避寒的地方。张家浜的乡亲们把我们从船上接了下来，不顾生命危险，把我们分散安置在稻草棚、草垛里，既隐蔽，又暖和。

有一天，日军突然偷袭，几乎逼近村头时，我们才发觉，顿然间，枪声四起，群狗狂吠，眼看日军占领了村边。部分轻伤员和村里的自卫队向枪声迎面赶去，准备阻挡一阵，掩护重伤员撤退。乡亲们和护理人员把我们几个重伤员抬了起来，迅速向河边撤退。当我们快到河边的时候，日军已经占领了整个村落。敌人看得见我们，我们也看得见敌人，正在这火烧眉睫的时候，乡亲们把一只船飞速划来，转手就把我们抬上了船，射箭似地隐入湖中，脱离了险境。

刘飞将军回忆录《驰骋江南歼敌寇》中记载在张家浜养伤、受老百姓救助的情景

三十六名伤病员之一的黄烽

后方医院和三十六名伤病员

黄　烽

新四军六团东进后战斗频繁，作战机动范围大，伤病员也日益增多，后来就把六团的卫生队和原“民抗”医院（组建于1939年2月间）合并成立“江抗”后方医院。由六团卫生队队长林震兼任院长，叶森任指导员，张贤为医务主任。开始时医护人员中有从上海同仁医院来的张贤、大德助产学校来的庞露和原在那里工作的陈翠、陈宇、程瞒、李善娟。后来又陆续增加了从上海同仁医院来参军的王湘、赵熙、张力和上海红十字会医院下来的王嶙、包蕴、白山、征红等。

“江抗”西撤时留在后方医院的伤病员有刘飞、夏光、黄烽、童袭予、吴立夏、袁阿缪、梁玉贵、叶诚忠、张世万、谢钧生、赵林坤、华玉坤、曹德清、褚学潜、王佐才、陶祖金、杨弟二、章立、赵阿山、尹桂宝、陈新一、彭海清等。还有一个日本战俘叫高桥（经改造在团敌工股工作）。刘飞同志因胸部受伤受医疗条件限制，无法动手术,后通过地方党安排，到上海同仁医院治疗。

“江抗”西撤后，后方医院所处环境更加恶劣，当时医院活动在阳澄湖畔村庄和常熟梅李一带，那里是个湖叉水网地带，每移动一次，都要用小渔船和罱河泥的小船作交通工具，由于重伤病号较多，上下船都要人抬上抬下。每到一地，农民家里的客堂或柴草间就算病房，门板就是病床，东藏一个西掩一个。……

黄烽回忆录中关于伤病员的记载

三十六名伤病员之一的吴立夏人物传记

三十六名伤病员之一的叶诚忠烈士
（1914—1944）

三十六名伤病员之一的吴志勤

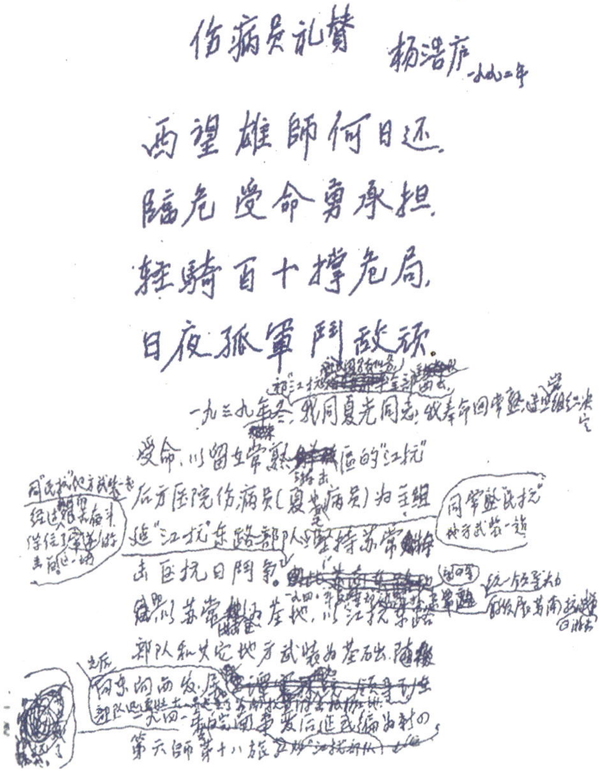

伤病员礼赞　杨浩庐

西望雄师何日还，
临危受命勇承担，
轻骑百十撑危局，
日夜孤军斗敌顽。

一九三九年冬，我同夏光同志[illegible]受命，以留在常熟[illegible]区的"江抗"后方医院伤病员（夏光病员）为主组建"江抗东路"部队，坚持苏常[illegible]区抗日斗争。[illegible]以苏常[illegible]基地，以"江抗东路"部队和地方武装为基础，[illegible]向东向南发展，[illegible]第六师第十八旅[illegible]

《伤病员礼赞》（杨浩庐）

今日东张家浜（摄于 2023 年）

“江抗”后方医院（档案史料照片）

黄烽（左三）、王嶙（左四，后方医院医护人员）与当年掩护过他们的群众合影（档案史料照片，1991 年摄）

黄烽（左一）、王嶙（左二，后方医院医护人员）与当年掩护过他们的群众合影（档案史料照片，1991 年摄）

新“江抗”成立

1939年11月，以36名伤病员为基础成立新“江抗”，夏光任司令，杨浩庐任副司令兼政治处主任，黄烽任政治处副主任，吴立夏任特务连连长。1940年初已发展为4个连400余人的部队。1940年2月7日移驻洋沟溇村，次日遭日军偷袭，爆发洋沟溇战斗。此后新“江抗”活跃在消泾、强芜村、十善村一带，日伪视这一带为畏途，时称“小红区”。

阳澄烽火（洋沟溇战斗半景画）

新“江抗”司令夏光

新“江抗”副司令杨浩庐

新“江抗”成立旧址（常熟东塘市）
（档案史料照片，1980年代摄）

“江抗”东路司令部筹备会议旧址（常熟东塘市）
（任亚峰摄于2023年）

阳澄湖
一带久负盛
风光秀丽，
路。阳澄湖
及，没有船
当年
船，浩浩荡
忌惮的行为
敌伪又频繁
东山再起，
就在这
200人，枪
素，又灌输
我们。
1940年
了日伪军下
（小年夜），
向水乡阳澄

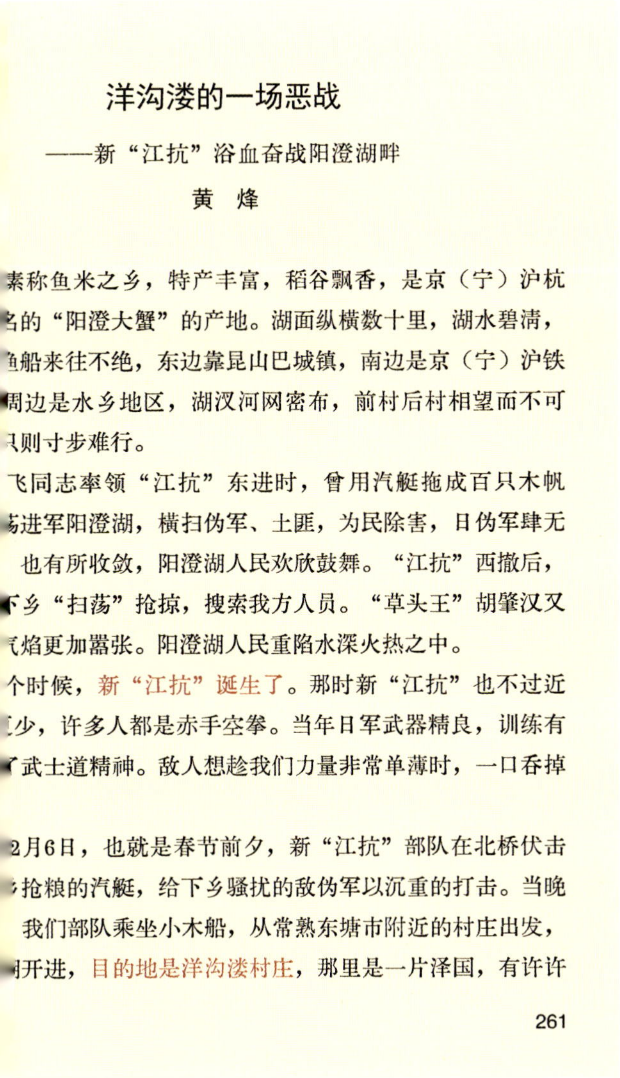

洋沟溇的一场恶战

——新“江抗”浴血奋战阳澄湖畔

黄　烽

素称鱼米之乡，特产丰富，稻谷飘香，是京（宁）沪杭
名的“阳澄大蟹”的产地。湖面纵横数十里，湖水碧清，
渔船来往不绝，东边靠昆山巴城镇，南边是京（宁）沪铁
周边是水乡地区，湖汊河网密布，前村后村相望而不可
只则寸步难行。

飞同志率领“江抗”东进时，曾用汽艇拖成百只木帆
荡进军阳澄湖，横扫伪军、土匪，为民除害，日伪军肆无
也有所收敛，阳澄湖人民欢欣鼓舞。“江抗”西撤后，
下乡“扫荡”抢掠，搜索我方人员。“草头王”胡肇汉又
气焰更加嚣张。阳澄湖人民重陷水深火热之中。

个时候，新“江抗”诞生了。那时新“江抗”也不过近
少，许多人都是赤手空拳。当年日军武器精良，训练有
了武士道精神。敌人想趁我们力量非常单薄时，一口吞掉

2月6日，也就是春节前夕，新“江抗”部队在北桥伏击
抢粮的汽艇，给下乡骚扰的敌伪军以沉重的打击。当晚
我们部队乘坐小木船，从常熟东塘市附近的村庄出发，
开进，目的地是洋沟溇村庄，那里是一片泽国，有许许

261

黄烽回忆录《洋沟溇的一场恶战》相关内容

洋沟溇战斗时新“江抗”司令部旧址（王蕴石家）
（档案史料照片，1980 年代摄）

洋沟溇村现貌（任亚峰摄于 2021

洋沟溇战斗纪念碑（任亚峰摄于 20

年）

1 年）

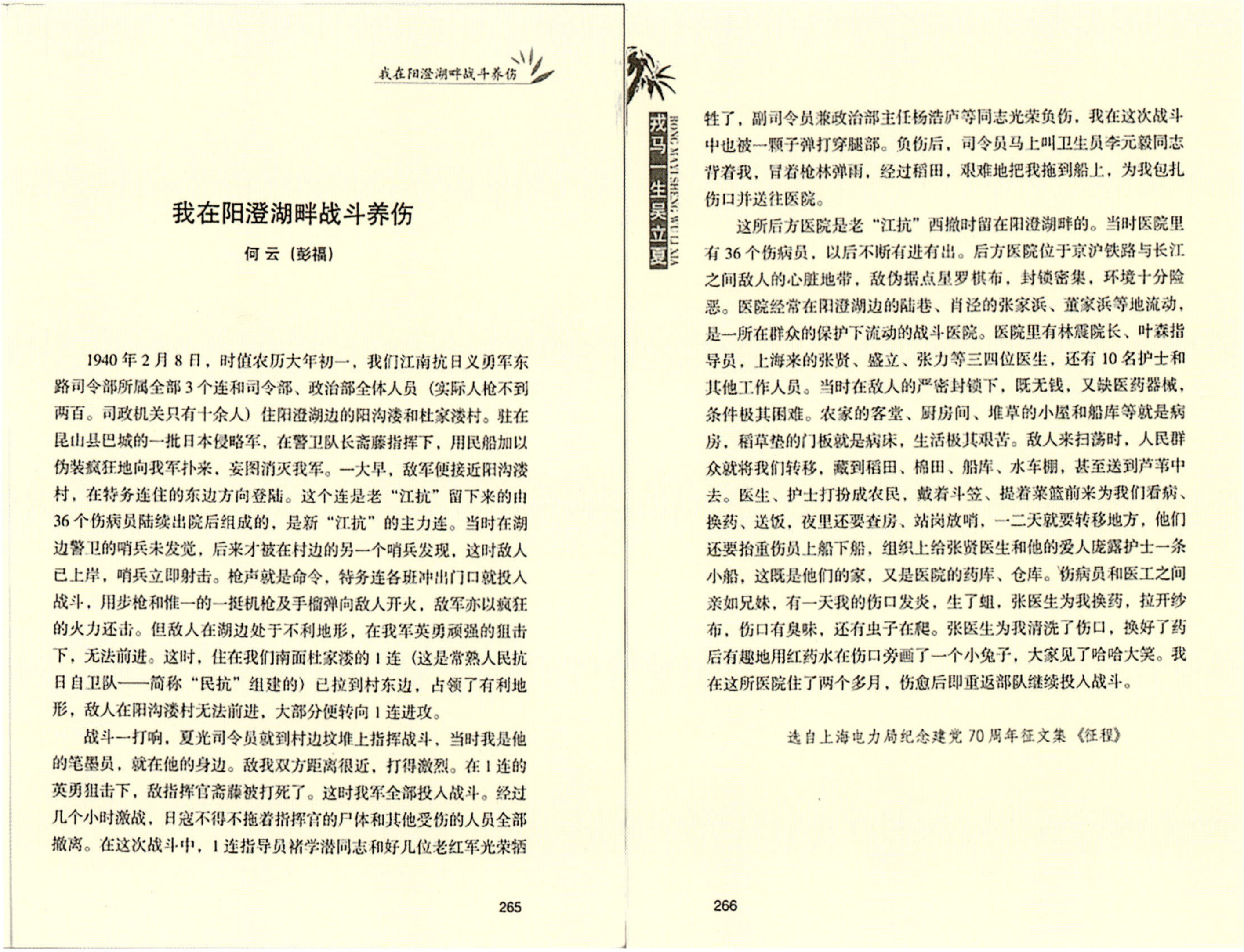

我在阳澄湖畔战斗养伤

何云（彭福）

1940 年 2 月 8 日，时值农历大年初一，我们江南抗日义勇军东路司令部所属全部 3 个连和司令部、政治部全体人员（实际人枪不到两百。司政机关只有十余人）住阳澄湖边的阳沟溇和杜家溇村。驻在昆山县巴城的一批日本侵略军，在警卫队长斋藤指挥下，用民船加以伪装疯狂地向我军扑来，妄图消灭我军。一大早，敌军便接近阳沟溇村，在特务连住的东边方向登陆。这个连是老“江抗”留下来的由 36 个伤病员陆续出院后组成的，是新“江抗”的主力连。当时在湖边警卫的哨兵未发觉，后来才被在村边的另一个哨兵发现，这时敌人已上岸，哨兵立即射击。枪声就是命令，特务连各班冲出门口就投入战斗，用步枪和惟一的一挺机枪及手榴弹向敌人开火，敌军亦以疯狂的火力还击。但敌人在湖边处于不利地形，在我军英勇顽强的狙击下，无法前进。这时，住在我们南面杜家溇的 1 连（这是常熟人民抗日自卫队——简称“民抗”组建的）已拉到村东边，占领了有利地形，敌人在阳沟溇村无法前进，大部分便转向 1 连进攻。

战斗一打响，夏光司令员就到村边坟堆上指挥战斗，当时我是他的笔墨员，就在他的身边。敌我双方距离很近，打得激烈。在 1 连的英勇狙击下，敌指挥官斋藤被打死了。这时我军全部投入战斗。经过几个小时激战，日寇不得不拖着指挥官的尸体和其他受伤的人员全部撤离。在这次战斗中，1 连指导员褚学潜同志和好几位老红军光荣牺

牲了，副司令员兼政治部主任杨浩庐等同志光荣负伤，我在这次战斗中也被一颗子弹打穿腿部。负伤后，司令员马上叫卫生员李元毅同志背着我，冒着枪林弹雨，经过稻田，艰难地把我拖到船上，为我包扎伤口并送往医院。

这所后方医院是老“江抗”西撤时留在阳澄湖畔的。当时医院里有 36 个伤病员，以后不断有进有出。后方医院位于京沪铁路与长江之间敌人的心脏地带，敌伪据点星罗棋布，封锁密集，环境十分险恶。医院经常在阳澄湖边的陆巷、肖泾的张家浜、董家浜等地流动，是一所在群众的保护下流动的战斗医院。医院里有林震院长、叶森指导员，上海来的张贤、盛立、张力等三四位医生，还有 10 名护士和其他工作人员。当时在敌人的严密封锁下，既无钱，又缺医药器械，条件极其困难。农家的客堂、厨房间、堆草的小屋和船库等就是病房，稻草垫的门板就是病床，生活极其艰苦。敌人来扫荡时，人民群众就将我们转移，藏到稻田、棉田、船库、水车棚，甚至送到芦苇中去。医生、护士打扮成农民，戴着斗笠、提着菜篮前来为我们看病、换药、送饭，夜里还要查房、站岗放哨，一二天就要转移地方，他们还要抬重伤员上船下船，组织上给张贤医生和他的爱人庞露护士一条小船，这既是他们的家，又是医院的药库、仓库。伤病员和医工之间亲如兄妹，有一天我的伤口发炎，生了蛆，张医生为我换药，拉开纱布，伤口有臭味，还有虫子在爬。张医生为我清洗了伤口，换好了药后有趣地用红药水在伤口旁画了一个小兔子，大家见了哈哈大笑。我在这所医院住了两个多月，伤愈后即重返部队继续投入战斗。

选自上海电力局纪念建党 70 周年征文集《征程》

时任夏光警卫员何彭福的回忆录

洋沟溇战斗中牺牲的一连指导员褚学潜烈士（1919—1940）

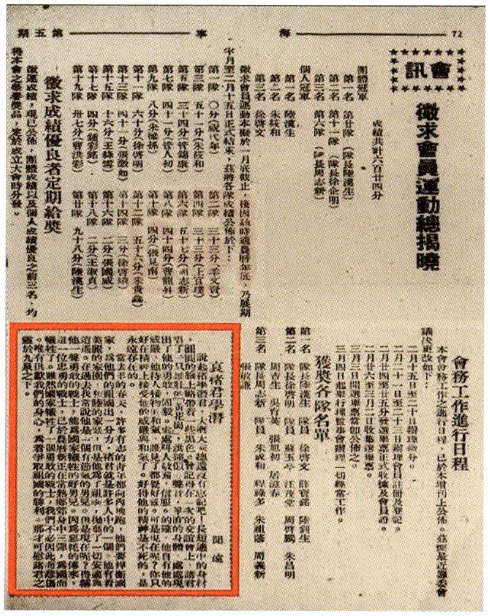
會訊
徵求會員運動總揭曉
哀褚君學潛

《海宁》杂志刊登《哀褚君学潜》

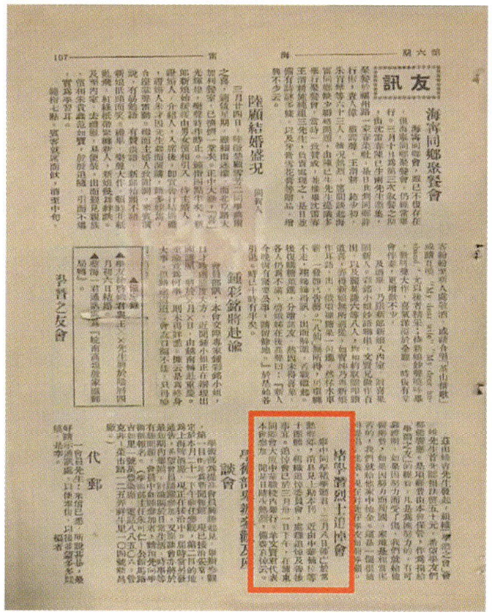
友訊
褚學潛烈士追悼會

《海宁》杂志刊登《褚学潜烈士追悼会》的报道

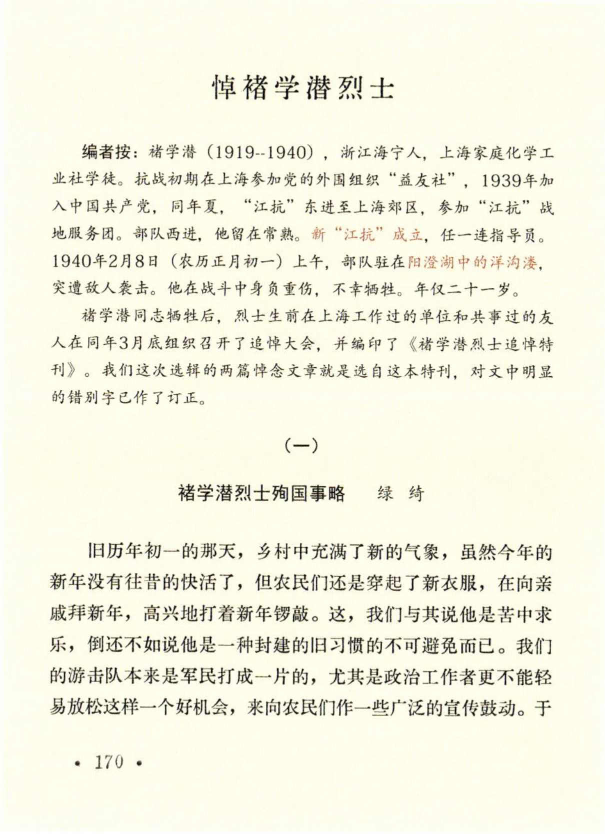

悼褚学潜烈士

编者按：褚学潜（1919--1940），浙江海宁人，上海家庭化学工业社学徒。抗战初期在上海参加党的外围组织“益友社”，1939年加入中国共产党，同年夏，“江抗”东进至上海郊区，参加“江抗”战地服务团。部队西进，他留在常熟。新“江抗”成立，任一连指导员。1940年2月8日（农历正月初一）上午，部队驻在阳澄湖中的洋沟溇，突遭敌人袭击。他在战斗中身负重伤，不幸牺牲。年仅二十一岁。

褚学潜同志牺牲后，烈士生前在上海工作过的单位和共事过的友人在同年3月底组织召开了追悼大会，并编印了《褚学潜烈士追悼特刊》。我们这次选辑的两篇悼念文章就是选自这本特刊，对文中明显的错别字已作了订正。

（一）

褚学潜烈士殉国事略　　绿　绮

旧历年初一的那天，乡村中充满了新的气象，虽然今年的新年没有往昔的快活了，但农民们还是穿起了新衣服，在向亲戚拜新年，高兴地打着新年锣鼓。这，我们与其说他是苦中求乐，倒还不如说他是一种封建的旧习惯的不可避免而已。我们的游击队本来是军民打成一片的，尤其是政治工作者更不能轻易放松这样一个好机会，来向农民们作一些广泛的宣传鼓动。于

· 170 ·

追悼褚学潜烈士的文选

褚学潜使用过的皮箱

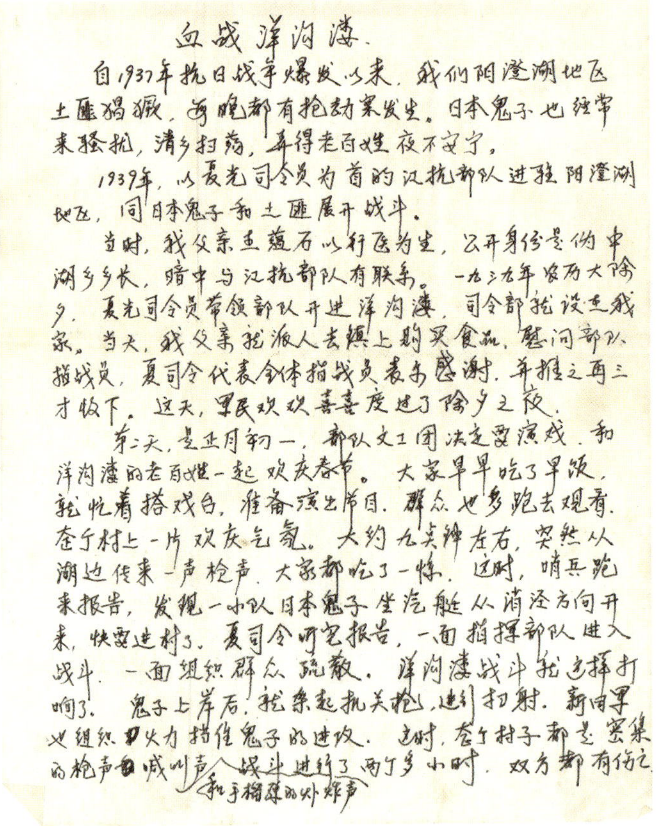

血战洋沟溇

自1937年抗日战争爆发以来，我们阳澄湖地区土匪猖獗，每晚都有抢劫案发生。日本鬼子也经常来骚扰，清乡扫荡，弄得老百姓夜不安宁。

1939年，以夏光司令员为首的江抗部队进驻阳澄湖地区，同日本鬼子和土匪展开战斗。

当时，我父亲王蕴石以行医为生，公开身份是伪中湖乡乡长，暗中与江抗部队有联系。一九三九年农历大除夕，夏光司令员带领部队开进洋沟溇，司令部就设在我家。当天，我父亲就派人去镇上购买食品，慰问部队指战员，夏司令代表全体指战员表示感谢，并推之再三才收下。这天，军民欢欢喜喜度过了除夕之夜。

第二天，是正月初一，部队文工团决定要演戏，和洋沟溇的老百姓一起欢庆春节。大家早早吃了早饭，就忙着搭戏台，准备演出节目，群众也多跑去观看，整个村上一片欢庆气氛。大约九点钟左右，突然从湖边传来一声枪声，大家都吃了一惊，这时，哨兵跑来报告，发现一小队日本鬼子坐汽艇从消泾方向开来，快要进村了。夏司令听完报告，一面指挥部队进入战斗，一面组织群众疏散。洋沟溇战斗就这样打响了。鬼子上岸后，就架起机关枪，进行扫射。新四军也组织火力挡住鬼子的进攻。这时，整个村子都是密集的枪声、喊叫声和手榴弹的爆炸声，战斗进行了两个多小时，双方都有伤亡

洋沟溇村村民王仁安关于洋沟溇战斗的回忆

著名油画家何孔德等为创作《阳澄烽火》半景画在洋沟溇村采风考察

（档案史料照片，1991 年 3 月摄）

时称“小红区”的强芜村、十善村地区现貌（摄于 2023 年）

十善村保留的当年旧宅（摄于 2023 年）

党领导的东路地区

1940 年 4 月，新四军第三支队副司令员谭震林到东路，领导阳澄湖地区抗日斗争，开展“红五月”活动。共产党员湘城“青抗会”会长张晨曦牺牲。此后爆发殷家浜战斗、周家浜战斗、张家浜战斗。消陆区人民抗日自卫会成立，丁伯祥任主席。渭黄区人民抗日自卫会成立，钱冰为主任。

“江抗”东路指挥部司令兼政委谭震林（左）与夫人葛慧敏（照片摄于 1939 年，谭震林到东路前夕，拍摄地点为安徽省繁昌县）

1940 年 4 月，随谭震林到苏南东路时装扮成商人的戴克林，后任东路第一支队支队长

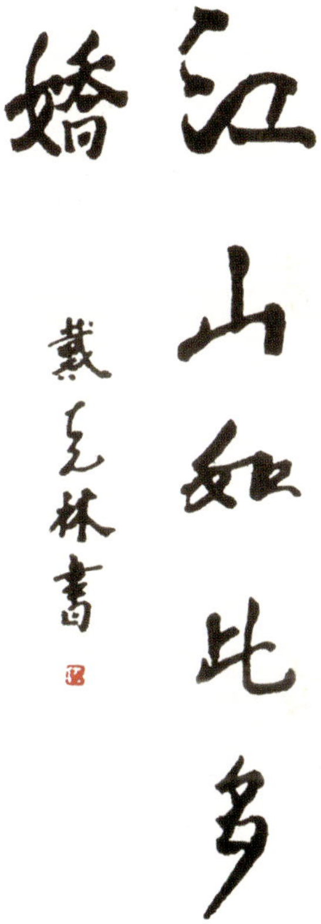

江山如此多娇（戴克林题）

“江抗”民运干部训练班合影（档案史料照片，1940 年摄）

革命的五月與婦女

張曉梅

在血的五月裏充滿着血與淚，充滿着光輝與恥辱，充滿着鬥爭的烈焰，充滿着經驗與教訓，在這一月裏，可算是革命紀念節最多的一月了。

這許多壯烈和沉痛的節日，都有一個共同點，就是民族解放鬥爭的精神貫穿着一切這些節日。同時也推動着中國婦女解放運動不斷地向前發展。譬如「五四」運動中，婦女也廣泛的被捲入了反帝反封建的怒潮中。當時許多知識婦女在各地都自發的熱烈的組織了各種名稱的婦女團體，配合着反日本帝國主義及封建勢力，推動新文化運動而積極提出婦女自己的鬥爭要求。例如那時的湖南女界聯合會便已提出了下列要求：一，財產均權。二，選舉與被選舉權。三，教育同等權。四，職業均等權。

1940 年 5 月 1 日《新华日报》刊发《革命的五月与妇女》

“江抗”民运干部进行宣传活动（档案史料照片，1940 年摄）

曾任消陆区委领导张梅（前排左三）、汪良（前排左一）、王婧（前排左四）与当年参加“红五月”活动的群众合影（档案史料照片，1980 年代摄）

新×軍在江南如何作戰

邱 華

「七七」砲聲，促進了全國精誠團結，一致對外，共同爲着民族解放事業而向着共同敵人——日寇作鬥爭。樹起了正義的旗幟，掀起了革命浪潮。繼然上海南京蕪湖等大城市，在敵寇血腥的屠殺下，相繼失陷，但在民族解放的烽燧上，出現了一支新的隊伍——新×軍；它是於一九三八年整編完竣，就是在敵寇侵入到我廣闊富饒的大江南地域時候，是在極混亂的狀態下，這支新的生力軍，很迅速的開入大江南，來發展大江南廣大平原地區游擊戰爭，來堅持大江南有重要戰略意義的支撐點。三年以來，他堅決的執行了它所負的戰鬥任務，無情的打擊了敵人，阻止敵人的前進，獲得了光榮勝利，他且在艱苦不斷的鬥爭過程中，很鍛鍊與强大了它，逐漸的走上了正規化，成爲今天民族解放戰線上一支敵人不可克服的力量。

三年來他是處在怎樣的鬥爭環境呢？

（一）它的作戰地區，是位置在長江以南之皖南蘇南區域。是處於敵人左側背，在蘇南敵人據點間活動，這個地區，在軍事政治上，其重要性不待言，在經濟意義上講，同樣有他極重要的地位，因此，江南是敵我必爭之地，誰能完全控制這個地區，誰就能夠取得戰略上之優勢。

（二）江南是一片平原地帶，河流縱横，湖沼滿佈，山地甚少，交通異常便利，因此，發展游擊戰爭條件是……境發展游擊戰爭的地區，主要是在平原地帶，其次是在湖沼地區，而並不是在高山叢林之中，所以與華北地理環境及發展游擊戰爭條件，是有着不相同之點。

（三）江南敵人佔有許多優越條件表現在一、上海南京鎮江是敵人戰略根據地，是侵華軍事政治中心點，二、江南地域有着綿密的交通網，以及河流航運，鐵路有京滬蘇嘉滬杭甬京贛等主幹線。公路在江南地區，密如蛛網，可以通達各地。在水運方面，亦頗發達，除了江海輪船往來絡繹不絕，內河及湖泊中亦均富於小輪汽艇之利，因此，在這個情況下是有利於敵不利於我的，如果與敵作戰過久，敵人之援兵，可能利用便利交通，從……閑。三、敵人在裝備數量上，均優於我軍。敵人裝備在空中有空軍配合，在陸地上有坦克大砲，在江湖中有輪船汽艇，並能利用便利交通，充分發揮其威力。在數量上，在江南狹小地區內則有四個師團番號，兵力亦在三個師團，四萬之衆。

（四）江南區域，除了大的城鎮被敵佔領，及利用交通活動範圍外，我軍作戰是限制在狹小地域內，所以，和敵人作戰往來周旋不開，受到各方人爲的牽制與困難。

（五）江南環境非常複雜，僞區域帝國主義侵入最早，因此亦是資本主義工業最發達的區域；同時資本侵入，農村破產尤爲顯著。影響所及，土匪甚多，邦門盛……

1940 年 7 月《新华日报》刊登《新四军在江南如何作战》

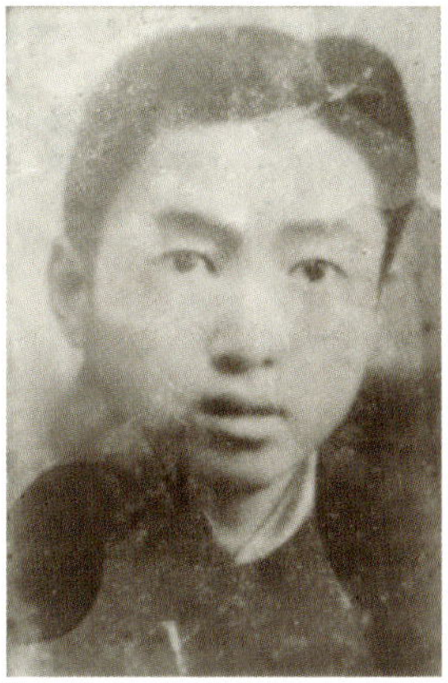

湘城“青抗会”会长张晨曦烈士（1916—1940）

我原名李宝华，现名李时韵，肖犁是参加革命时的化名。1939年8月，上海浦东党组织调我和姐姐杜俐及杨芳三个人到东路工作。

当时，湘城区工委书记是吕品生（又名吕冬白、吕宝初）同志，他是无锡堰桥丁塔里人，在上海书店当职工时下乡参抗日工作的。吕品生把我们姐妹俩安排在湘城镇上，做发动群众的工作，与我们一起工作的当地人有两个，一个是男同志，叫张晨曦，是党员；另一个是女同志，叫沈凤英。张晨曦同志曾当过小学教师，是湘城镇上人。在我们未到以前，他已在镇上成立了“青救会”、“妇救会”等组织。我就住在张晨曦家里。为便于工作，我当时化名张弘，身份是张晨曦的“堂妹”。后来听说张晨曦被胡肇汉杀害了，我十分悲痛。当时，我们组织了一个读书会，以读夜书为名，进行抗日宣传。参加读书会的主要是“青救会”、“妇救会”中的骨干和积极分子，其它人如愿意参加也一律欢迎，一共约有50余人。我们借用湘城镇小学的两个教室，每星期活动三个晚上。

肖犁回忆录《二进湘城》中关于张晨曦的记载

我是一九三九年九月从上海到太平桥的，带我下去的是李希之同志和政治交通员康迪（蒋国梁）同志。和我一起去的共有七人，有李蒲君、张文龙、徐华英（女，当时只有十三岁）、张聘兰、江声（后带公款逃跑），还有章立（抗战时期在昆山牺牲），我担任组长。到了太平桥，组织上找我们谈话后，我们七人就分开了，我被分配到湘城。湘城有个工作组，组长是吕品生（无锡人，后在太仓牺牲），组员有萧莉、孙学成、马尼和我，还有张晨曦，他是本地的小学教师，是我们最早发展的党员之一。

张梅回忆录《我知道的阳澄湖地区的革命斗争》中关于张晨曦的记载

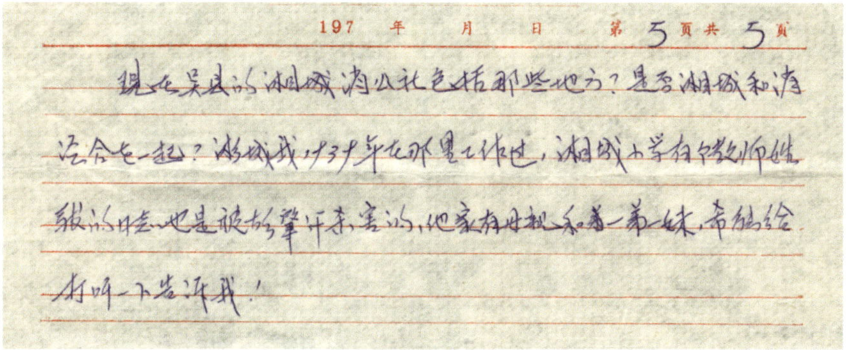

197 年 月 日 第 5 页共 5 页

现在吴县的湘城沺公社包括那些地方？是否湘城和沺泾合在一起？湘城我1939年在那里工作过，湘城小学有个教师姓张的，他也是被胡肇汉杀害的，他家有母亲和一弟一妹，希能给打听一下告诉我！

1979 年 10 月 7 日张梅书信中牵挂张晨曦烈士

1940 年“江抗”奖章

殷家浜船埠（档案史料照片，1980 年代摄）

盛宅湖、殷家浜战斗

时间：九月十二日午后三时半至六时半

敌人：敌部三个中队及司令部约计三百余人，机枪八挺。

我参战部队：一连及二连两个排，教导（队）一个排。

战斗经过：九月十日晚，该部在中西村设营，十一日晚过阳澄湖到达该作战地点，彼估计我们未敢深入，不致过湘城以南。我因彼之驻地未明，估计彼必在洄泾之南与太平桥之北两处，我即以战斗姿势向太平桥搜索前进，至盛宅湖时即收得情报，彼水步哨已发现我之岸上掩护步兵，即先行发枪，但我们仍以驻地村庄地形不明，当即以一连从左翼沿河堤直插向已运动出来之敌突击，二连一个排由中央逼近该部驻地突击，三连全部从右翼包抄过（去）。结果敌人全部溃退至二条小河之彼岸始行卧倒抵抗。冲锋实施后未及迅速搜集什物，但以兵力分散，一连消耗太大，而敌人了解我之情况组织反冲锋，忽经我之抵抗及射击，致彼不能顺利进行，始由于一连动作犹豫，后因一连先动摇使战斗形势为不利，结果因建制混乱，一下被敌杀伤数名，阵亡14名。敌约死、伤40左右。

教训：A战斗力的进步：1.指挥上的进步。2.勇敢。B.弱点：1.各级干部指挥掌握的不够。2.勇敢不够（不坚决勇敢，迅速严肃。）3.射击差。4.隐蔽身体发扬火力差，运动与火力不够配合。5.战场观察差。（15日检讨）

夏光日记中关于殷家浜战斗的记载

四、周家浜战斗

1940年农历十一月初五（按：应是初九，即公历12月7日），在现在黄埭倪汇周家浜发生了一次胡肇汉部为劫救被我方扣留的沈阿三、李文达的一次战斗。

那天凌晨，步哨发现大批敌人（400多人），立即鸣枪报警。许铁同志带领的连队约有80多人，连长姓刘。听到鸣枪后，刘连长立即指挥第一排向东、南、北三面向敌阻击，许铁指挥二、三排西夺钱泾桥、一排在阻击中机枪手中弹牺牲，刘连长亲自端起机枪向敌扫射，不幸弹尽中弹牺牲。当第一排撤过钱泾桥时，敌军发现我方人少，就跟着冲上来，一排的后卫班长用力摔掉桥石板，中弹而亡。二排张排长在完成第二阻击线阻击任务后中弹牺牲。

负责看守沈阿三、李文达的是一名新战士。因部队仓促应战，没有及时通知他撤退，他又不懂规定(发现敌情可主动把押犯撤退，犯人不服从命令可以开枪)，还在死等命令。敌人冲上来后，沈阿三狡猾地叫那战士到屋里隐蔽，结果被沈阿三向敌人指点后，又遭杀害。另外还有三名战士在阻击中牺牲，部队撤到方桥。有一名重伤员中弹三颗，被周家浜一群众用船送到方桥，还带来张排长的一支驳壳枪。这个群众也不知他姓名，只记得脸上有麻子。当地群众又把牺牲同志的尸体草草葬在漕湖边。

周明回忆录《漕湖地区革命斗争片段》中关于周家浜战斗的记载

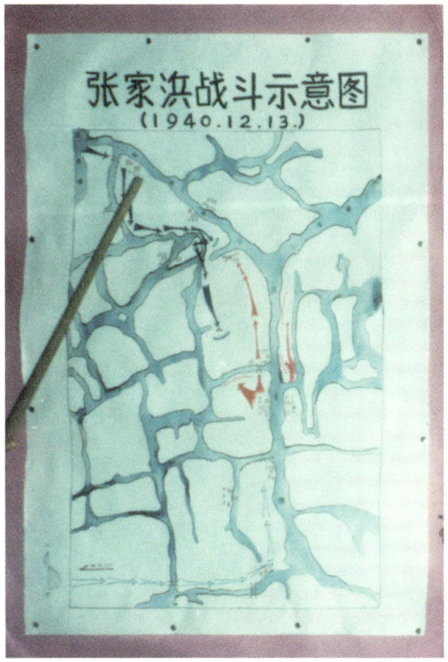

张家浜战斗示意图
（档案史料照片，1991年摄）

大衆報
新四軍龍潭建奇功
無恥肆行暗殺

1940年12月25日《大众报》关于张家浜战斗的报道

用血和鐵打擊了敵人

1940年12月《大众报》关于张家浜战斗的报道

曾任东路一支队队长戴克林（左）、二支队队长陈挺（右）在张家浜留影（档案史料照片，1987 年 6 月摄）

陈挺（右）与夫人朱静在张家浜战斗纪念碑前留影（档案史料照片，1991 年 11 月摄）

张家浜战斗纪念碑外景（摄于 2023 年）

张家浜战斗纪念碑近景（摄于 2023 年）

电视纪录片《阳澄湖畔鱼水情》摄制组在张家浜采访陈挺
（档案史料照片，1987 年摄）

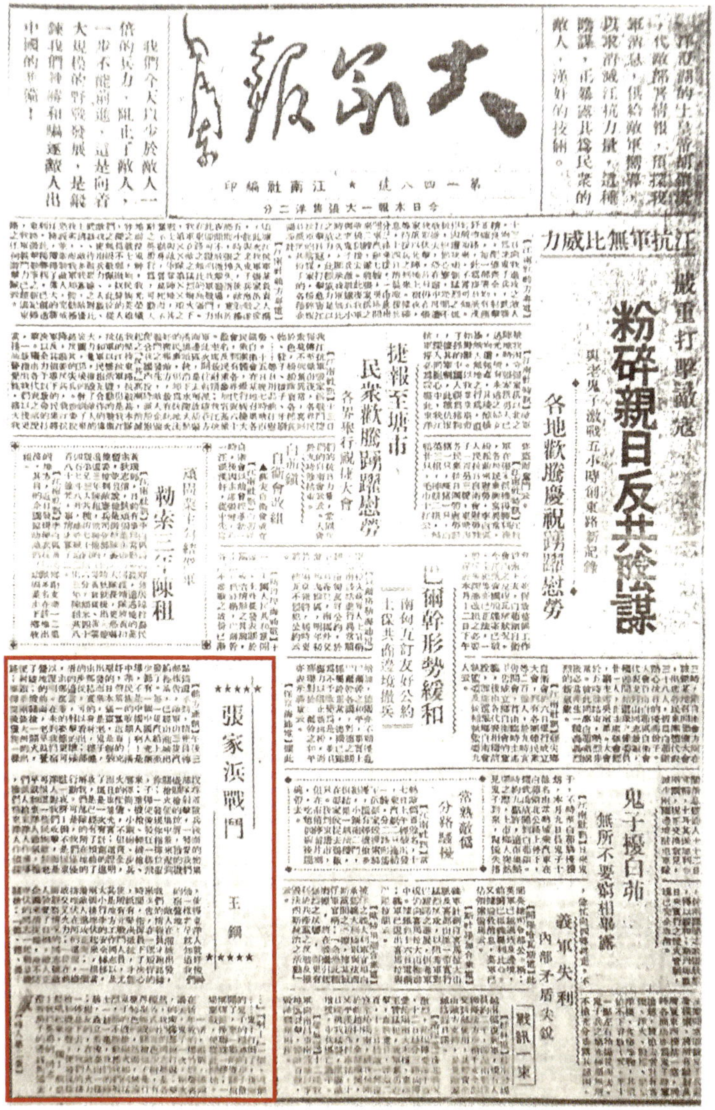

大眾報

第一四八號 ★ 江南社編印

今日本報一大張售洋二分

江抗軍無比威力

嚴重打擊敵寇

粉碎親日反共陰謀

各地歡騰慶祝踴躍慰勞

捷報至塘市

民衆歡騰踴躍慰勞

巴爾幹形勢緩和

勒索二三斗陳租

張家浜戰鬥

王鋼

鬼子擾白茆

無所不要窮相畢露

義軍失利

內部矛盾尖銳

1940 年 12 月《大众报》刊登《张家浜战斗》一文

张家浜战斗中牺牲的医生赵熙烈士，原名查培基（1920—1940）

纪念赵熙同志

戴克林

“据报告，敌人八十余名左右，从浒浦出发向北港庙骚扰。”这是我第一天踏上这个地区得到的第一次情报。这个消息，为我们歼灭敌人提供了条件，大家兴高采烈。我也没有例外，立即端起一挺崭新的捷克机枪，和一群陌生的同志向那个方向飞速地跑去。埋伏在零落的树枝后面，将机枪架到茅屋上，扣着扳机。静待着，静待着……。

“哒、哒、哒！”机枪的射击声随着神经的痉挛，在我的手指扣动下响了起来，在百米左右的地方，只见敌人一个、二个……无次序地倒下去。敌人的队伍乱套了。只有稀疏的三八枪向我们射击过来。枪声将人的声音压了下去，四周一片沉寂，仅有吃人的枪声在吼叫着。

“弟兄们！中国人不打中国人哪，……不要打枪，我们是新四军啊，喂！缴枪不杀！”突然一个坚强的声音从旁边的树丛间传出来。我向着声音的方向望过去，只见一个体格英伟的青年，戴着一付黑边的近视眼镜，爬在树杆上用力地挥着白色的手巾，一边高昂地喊着这些口号。我奇怪地看着这个有胆量的人，在敌人的射击下竟敢在毫无隐蔽的高处作瓦解敌军的工作。他的动作固然幼稚得可笑，一看就知道这是一个没有战场经验的朋友。

这一次，就是打得很漂亮的北港庙战斗，是激战七小时

· 60 ·

戴克林回忆录《纪念赵熙同志》

张家浜赞歌

一月里来腊梅香，四哥到了张家浜；
红旗飘飘像把火，敌人远看不敢响。
二月里来菜花黄，军民团结好时光；
白天下田忙生产，夜里摸黑打东洋。
三月里来是清明，鬼子妄想来进攻；
四哥机枪吼一声，三十鬼子命归阴。
四月秧苗绿汪汪，逃命日鬼去报丧；
调来大批鬼子兵，要和四哥来较量。
五月里来梅子黄，鸡蛋要和钢墙撞；
二次来犯张家浜，八十敌兵狗命丧。
六月里来荷花开，军民个个喜开怀；
边练兵来边生产，空来自制枪和弹。
七月里来稻谷黄，军民收割人仓忙；
过去还租只嫌少，如今家家谷满仓。
八月里来月儿圆，家家户户庆丰年；
慰劳四哥一杯酒，千家万户保平安。
九月里来是重阳，敌人三次起妄想；
鬼子出了坏主张，派来土匪想抢粮。
十月里来降白霜，张家浜是好地方；
匪军进来出不去，四哥打得心花放。
十一月里雪花飘，男男女女好热闹；
村头村尾笑声高，匪军尸骨满野抛。
十二月里过年忙，联欢会上跳又唱；
猪羊酒礼桌上放，庆贺四哥打胜仗。

阳澄湖地区传唱的《张家浜赞歌》（注：四哥指新四军）

一年来苏州的群众工作

洪　波[①]

一九四〇年，是我国三年抗战来最艰苦的一年，也就是，争取最后胜利起决定作用的一个阶段。在我们东路，亦复如此。我们要坚持全国抗战，与争取最后胜利，必定要坚持我们东路抗战，在敌伪、亲日派、顽固分子不断骚扰的艰苦环境中，杀出一条血路来。正因为如此，因而也决定了东路任务的重大，与它在全国抗战中所起的重要作用。

我们的苏州，这新型的苏州，它在整个东路，无论是在军事政治群众的条件上，或在各种群众工作，如职工工作，青协商协工作，农协妇协工作上，它已扮演了一个重要的角色，特别是苏州的群众工作，更值得我们来详细研究它的产生、形成，与发展的前途，作为我们一九四一年工作方针的参考，现分几点来讲：

第一个时期（萌芽时期）。

一九四〇年一月至四月间，在这四个月间，可说是一切群众工作的低落时期，江抗为了忠实于民族抗战，为了避免与顽军“忠救”，现改编为汪派“和救”的摩擦，奉令西撤后，整个东路，特别是苏州，民众情绪渐由初期的涨而降落，我们的环境，东面有王士兰、乐三乐四、卢大有、侯永良等匪部的骚扰；南面有阳澄湖土霸王胡肇汉的势力，西面又有赵北、马乐鸣的勾结敌伪来进袭。我们在政治上，以江抗军的威信，尽量向民众宣传，我们要建立抗日民主政权，群众自已的武装与自己的抗日团体，然而民众

① 洪波系时任中共苏常太工委委员的杨子清的笔名。

269

1941年1月《江南》杂志刊登杨子清的《一年来苏州的群众工作》一文

苏南第二区经济委员会整理与取缔代币券并组织基金保管委员会暂行办法

一、苏南二区之辅币，目前紊乱情状，达于极点，既无基金之保证，又乏法定之手续，致成任何人均可发行，漫无限制之现象，纸券竹筹铅币，充斥市场，甚至赌场筹码，亦皆通用，券面金额，分角一元固无论矣，五元竟亦有之，种类复杂，甲地之券，不能通用于乙地，使用者颇多困难，长此以往，危害整个社会经济者甚且大焉。如去年张泾桥等处之茧行所发行之代币券，其发行人逃避他乡，迄今未回，无从兑现，成为废纸，现民众来会请求救济者，日有其人，本会负有整理金融之职责，爰特重行订定整理与取缔代币券并领取使用新券暂行办法，以冀票券趋于统一，基金稳固，则一切流弊可以消除矣！

二、整理票券之种类：甲、公团发行之代币券、竹筹、铅币、纸券。乙、单独行商发行之代币券、竹筹、铅币、纸券。丙、个人发行之代币券、竹筹、铅币、纸币。

三、整理办法：甲、不论合法公团不合法公团行商或个人所发行之代币券、竹筹、铅币、纸券，均应依限办理登记手续。乙、不论公团行商及个人所发行之代币券、竹筹、铅币、纸币，其基金必须十足准备，缴基金保管委员会保管之。丙、逾限未履行登记手续者，由行政机关根据取缔法处理之。丁、不将全部基金缴保管委员会保管者，由行政机关根据取缔法处理之。

四、请求调换与发行新券：甲、将旧券一律收回，得请求领取使用新券。乙、请求领取使用商业货币券，收回旧券，必须经公团(经登记核准之商民联合会商民协会与同业公会)之申请。其领取新券请求与收回旧券之个别会员之负责人股东及财产均应详

346

江南抗日根据地关于货币管理的暂行办法

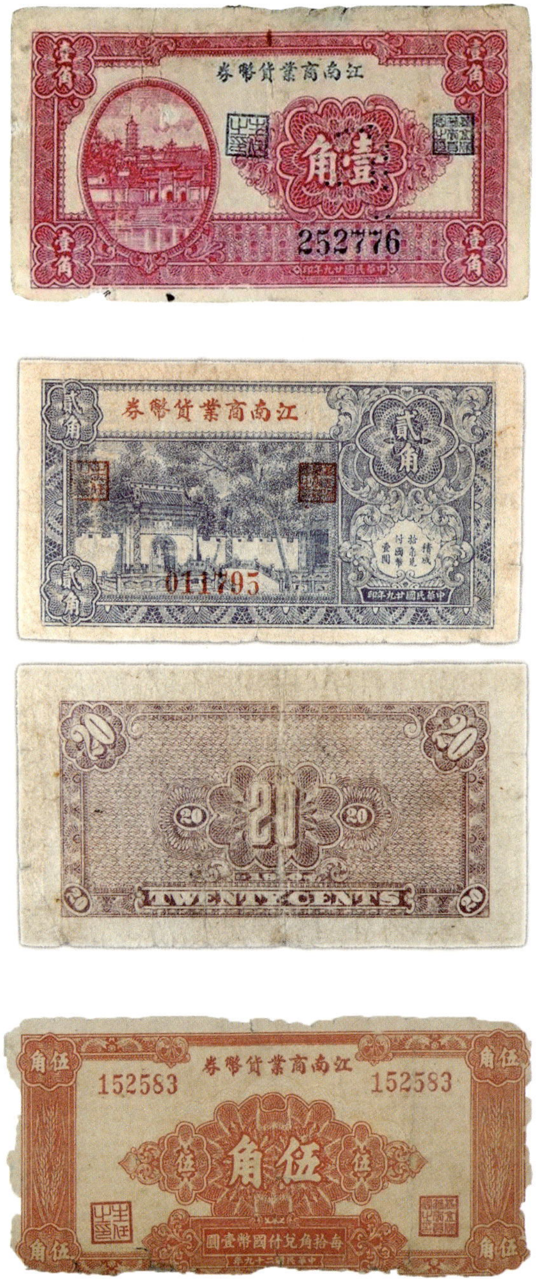

江南抗日根据地发行的货币

洋澄县成立

1941年2月7日，洋澄县抗日民主政府成立，陈鹤任县长，下设消陆、洋沺、辛莫、巴城四个区。陈鹤发表《洋澄县抗日民主政府宣言》。3月，中共洋澄县（工）委成立，徐克强任书记；渡船头战斗爆发，新“江抗”整编为新四军六师十八旅。4月1日，陈鹤在车渡村毛家浜开展群众工作，突遭日伪军偷袭，陈鹤、陆义等13人被捕。6月，陈鹤被胡肇汉杀害于渭东村肖家浜西岸。

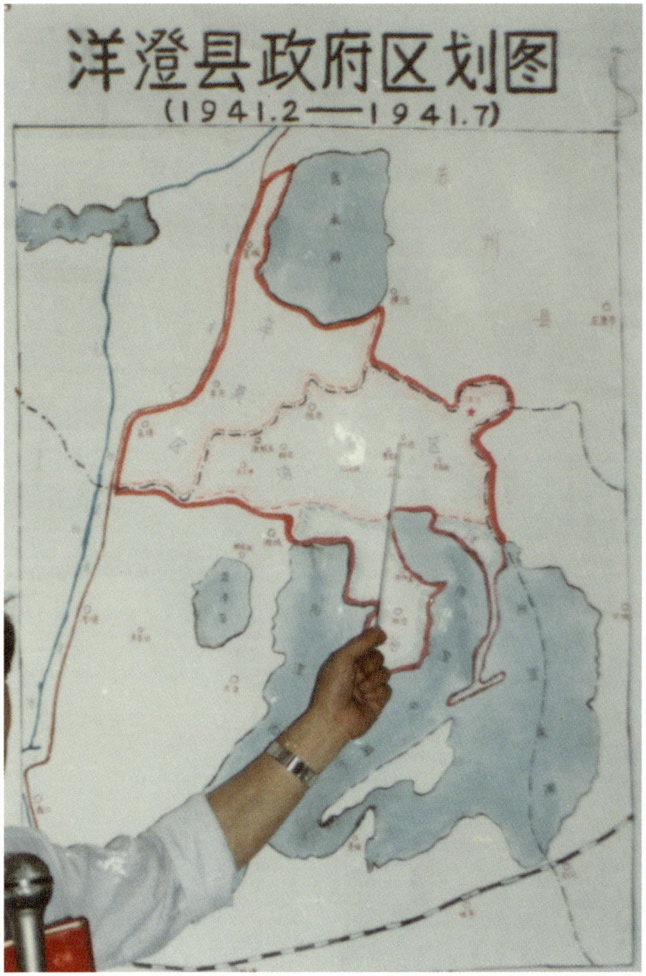

洋澄县区划图（档案史料照片，1991 年摄）

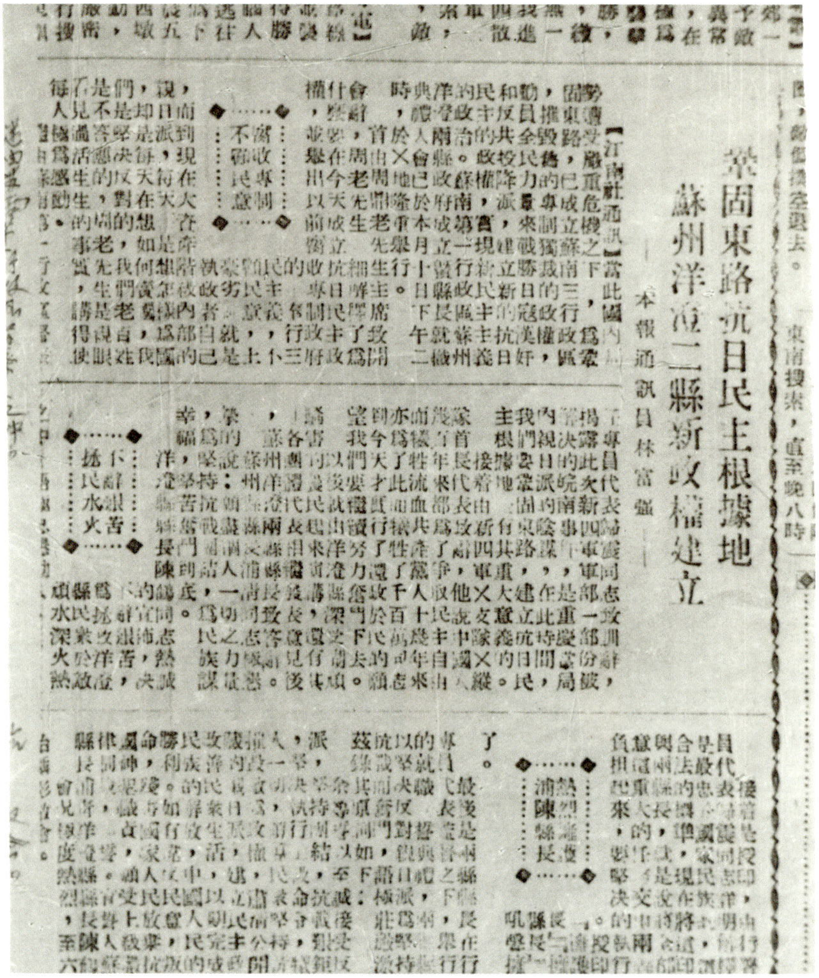

鞏固東路抗日民主根據地

蘇州洋澄二縣新政權建立

——本報通訊員林富強——

1941 年 2 月《大众报》关于苏州县、洋澄县成立的报道

洋澄县县政府　公函

秘字第一号

案奉

抗日救国军政治部内开："兹任命陈鹤同志为洋澄县县长此令"等因，随发印鉴一颗，文曰："洋澄县县政府钤记"奉此，鹤遵于即日到任视事除呈报上级备案外，相应函达即希查照为荷。

此致

江南社

中华民国三十年二月七日

县长　陈　鹤

（此函载于1941年2月13日《大众报》第166号）

147

1941 年 2 月《大众报》刊载的《洋澄县县政府公函》

洋澄县政府成立宣言

正当国内形势剧变，反共内战已在华中爆发的今天；正当中国大资产阶级再度背叛革命，准备投降的今天；正当亲日派、顽固分子在东路的反共尖兵、走卒乘时蠢动的今天；——东路各县的抗日民主政权同时宣告成立；我们洋澄县政府也在艰苦奋斗中诞生了。这在目前是有相当重大的政治意义的！

洋澄县政府的成立，除了具有东路行政机构改组的一般的政治意义外，还有它的特殊意义！

为什么要设立洋澄县呢？

第一、洋澄湖地区盘踞着顽军胡肇汉，勾结敌伪，阻挠抗战；近且奉其主子反共投降派的命令，与西面顽军遥相呼应，企图伺机而动。——我们设立洋澄县，是为了以政权的力量配合军事力量来扫除东路抗战途上的一大障碍，并击破亲日派、顽固派的投降阴谋，使东路抗战能顺利的坚持下去！

第二、洋澄湖的民众，在"土皇帝"的黑暗统治下，过着悲惨的生活，陷入痛苦的深渊；他们天天在盼望着新四军前去拯救。——我们设立洋澄县，是为了解放洋澄湖的十万同胞于倒悬。

第三、在共产党的领导与新四军控制下的苏南各县，普遍地建立了真正民主的抗日政权；唯独洋澄湖尚在"活阎王"胡肇汉的野蛮统治下，民众完全失去了参政的权利和抗日活动的自由。——我们设立洋澄县，是为了建立洋澄县各级的民主政权，是为了还政于民。

第四、洋澄湖有着十万以上的人口，这是一个巨大的潜力。可惜在胡顽的高压下，难以发挥出来，也不能发挥出来。且由于

150

1941 年 3 月《大众报》刊载的《洋澄县政府成立宣言》相关内容

1941 年 2 月至 4 月任洋澄县政府县长的陈鹤烈士（1917—1941）

陈鹤烈士牺牲处——渭塘肖家浜（档案史料照片，1980 年代摄）

陈鹤烈士雕像（摄于 2024 年）

1991 年 6 月 7 日洋澄县政府纪念碑揭幕（档案史料照片，1991 年摄）

洋澄县人民政府旧址（摄于 2023 年）

洋澄县政府纪念碑（摄于 2024 年）

1941 年新四军臂章

你是游击兵团

阳澄湖畔，虞山之麓，
三九年的严冬，
三十六个伤兵病员高举共产党的旗帜，
在暗影笼罩着的鱼米之乡，
埋着头流着血呀流着汗，
辛苦地耕耘着被野狗踩躏的田园。
东路人民的救星生长了，
游击队变成了“民抗”，
“民抗”又锻炼成一支强大的“江抗”。
“江抗”“江抗”，你不断地战斗，
你的威名震彻了江南，
你的钢刀刺破了敌汪心房。
啊！游击兵团，游击兵团，你是党的模范游击兵团。
啊！游击兵团，你是战胜日寇的怒潮啊，
啊！——游击兵团游击兵团游击兵团，
啊！游击兵团，你是大江南北的解放信号！
“江抗”“江抗”，不断成长，
钢铁的十八旅，

新四军六师十八旅战歌《你是游击兵团》

在共产党的培育之下开辟了光辉的根据地，

粉碎了残酷的“扫荡”“清乡”，

冲破了层层的竹篱笆，

保存了有生力量胜利地渡过了长江，

你的旗帜又插遍“江高宝”，

敌伪匪走向了死亡。

战斗的一分区千万人民在欢唱，

欢唱，欢唱，你艰苦的斗争，

党的基础已蒂固根深，

党的力量已无比地坚强。

啊！游击兵团，游击兵团，你是党的模范游击兵团。

啊！游击兵团，你是战胜日寇的怒潮啊，

啊！——游击兵团游击兵团游击兵团，

啊！游击兵团，你是大江南北的解放信号！

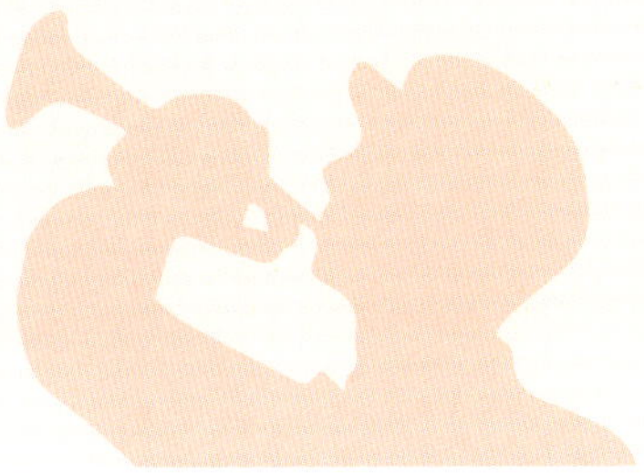

打到敌人后方去

沿着高山，沿着平原，

游击兵团在前进着。

为了战胜日本强盗，

打到敌人后方。

不管敌人怎样疯狂，

打他背上，他就着慌。

我们的马儿高声叫喊，

枪尖的刺刀发着光，

高高举起抗日大旗，

时时都沐浴荣光。

我们天天收复了乡村，

也夺回了大城市。

司令、将军亲自上火线，

士兵们抢着冲上前，

英勇抗战全国展开，

最后的胜利在前面；

英勇抗战全国展开，

最后的胜利在前面！

歌曲《打到敌人后方去》

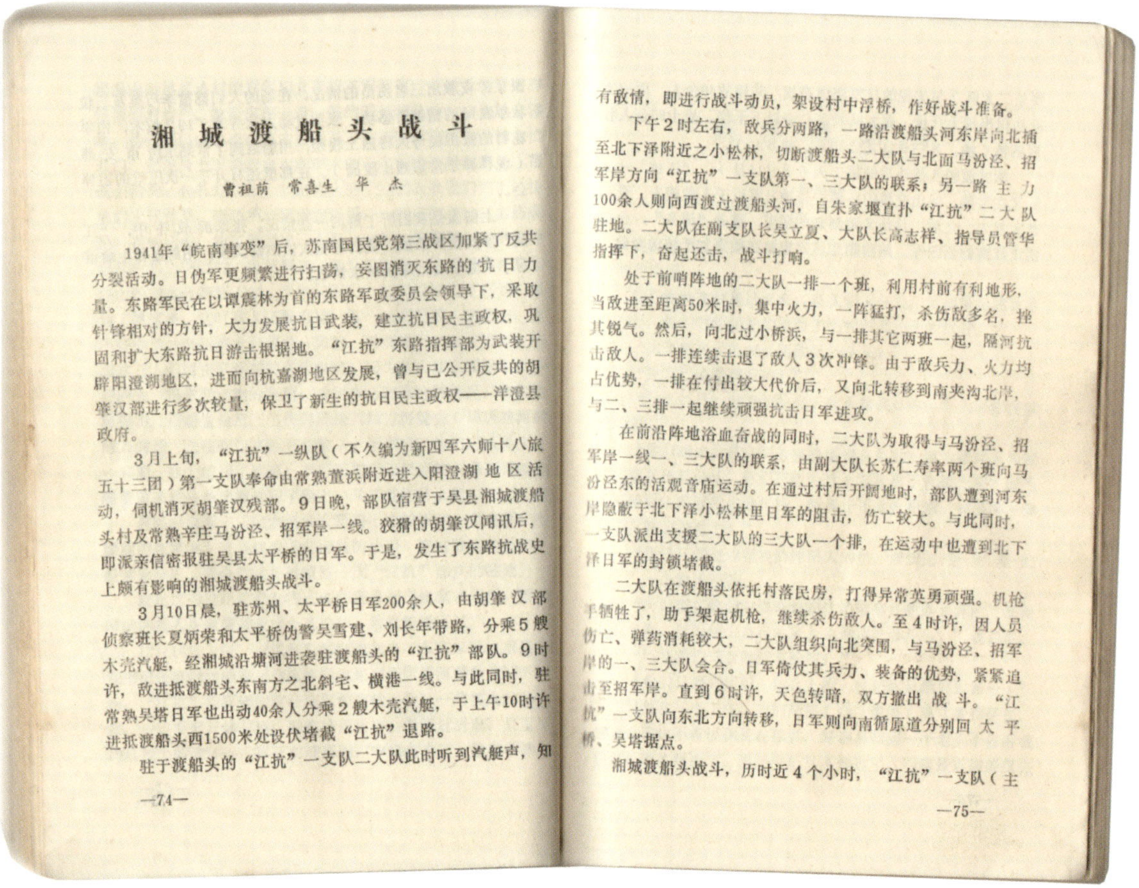

湘城渡船头战斗

曹祖荫 常喜生 华 杰

1941年"皖南事变"后，苏南国民党第三战区加紧了反共分裂活动。日伪军更频繁进行扫荡，妄图消灭东路的抗日力量。东路军民在以谭震林为首的东路军政委员会领导下，采取针锋相对的方针，大力发展抗日武装，建立抗日民主政权，巩固和扩大东路抗日游击根据地。"江抗"东路指挥部为武装开辟阳澄湖地区，进而向杭嘉湖地区发展，曾与已公开反共的胡肇汉部进行多次较量，保卫了新生的抗日民主政权——洋澄县政府。

3月上旬，"江抗"一纵队（不久编为新四军六师十八旅五十三团）第一支队奉命由常熟董浜附近进入阳澄湖地区活动，伺机消灭胡肇汉残部。9日晚，部队宿营于吴县湘城渡船头村及常熟辛庄马汾泾、招军岸一线。狡猾的胡肇汉闻讯后，即派亲信密报驻吴县太平桥的日军。于是，发生了东路抗战史上颇有影响的湘城渡船头战斗。

3月10日晨，驻苏州、太平桥日军200余人，由胡肇汉部侦察班长夏炳荣和太平桥伪警吴雪建、刘长年带路，分乘5艘木壳汽艇，经湘城沿塘河进袭驻渡船头的"江抗"部队。9时许，敌进抵渡船头东南方之北斜宅、横港一线。与此同时，驻常熟吴塔日军也出动40余人分乘2艘木壳汽艇，于上午10时许进抵渡船头西1500米处设伏堵截"江抗"退路。

驻于渡船头的"江抗"一支队二大队此时听到汽艇声，知

—74—

有敌情，即进行战斗动员，架设村中浮桥，作好战斗准备。

下午2时左右，敌兵分两路，一路沿渡船头河东岸向北插至北下泽附近之小松林，切断渡船头二大队与北面马汾泾、招军岸方向"江抗"一支队第一、三大队的联系；另一路主力100余人则向西渡过渡船头河，自朱家堰直扑"江抗"二大队驻地。二大队在副支队长吴立夏、大队长高志祥、指导员管华指挥下，奋起还击，战斗打响。

处于前哨阵地的二大队一排一个班，利用村前有利地形，当敌进至距离50米时，集中火力，一阵猛打，杀伤敌多名，挫其锐气。然后，向北过小桥浜，与一排其它两班一起，隔河抗击敌人。一排连续击退了敌人3次冲锋。由于敌兵力、火力均占优势，一排在付出较大代价后，又向北转移到南夹沟北岸，与二、三排一起继续顽强抗击日军进攻。

在前沿阵地浴血奋战的同时，二大队为取得与马汾泾、招军岸一线一、三大队的联系，由副大队长苏仁寿率两个班向马汾泾东的活观音庙运动。在通过村后开阔地时，部队遭到河东岸隐蔽于北下泽小松林里日军的阻击，伤亡较大。与此同时，一支队派出支援二大队的三大队一个排，在运动中也遭到北下泽日军的封锁堵截。

二大队在渡船头依托村落民房，打得异常英勇顽强。机枪手牺牲了，助手架起机枪，继续杀伤敌人。至4时许，因人员伤亡、弹药消耗较大，二大队组织向北突围，与马汾泾、招军岸的一、三大队会合。日军倚仗其兵力、装备的优势，紧紧追击至招军岸。直到6时许，天色转暗，双方撤出战斗。"江抗"一支队向东北方向转移，日军则向南循原道分别回太平桥、吴塔据点。

湘城渡船头战斗，历时近4个小时，"江抗"一支队（主

—75—

介绍湘城渡船头战斗的文章

渡船头村（李雪龙摄于 2011 年 4 月）

新四军夜宿过的渡船头村王安州家
（李雪龙摄于 2011 年 4 月）

渡船头战斗旧址现貌（摄于 2023 年）

渡船头村河浜清淤时发现的新四军使用的手榴弹
（李雪龙摄于 2020 年）

渡船头战斗遗址纪念碑（摄于 2023 年）

渡船头村 92 岁王彩娥讲述亲历的往事（摄于 2023 年）

漕东区成立

1941 年 1 月中共漕东区委成立，2 月漕东区政府成立，洛斐任区委书记、区长。他先后发展了尤成美、钱茂德、俞阿甲、王彬南等党员。此后，漕南区委、东桥区委、东桥区政府，黄埭中心区委、市政委员会等相继成立。

漕东区政府旧址（摄于 2023 年）

党组织的发展 1941年1月，中共漕东区委成立，书记洛斐（后吴坚、包正）。3月，中共漕南区委成立，书记章中。4月，中共东桥区委成立，书记张仲英。6月，中共黄埭中心区委成立，书记马政三，副书记钱冰。

区级抗日民主政权的诞生 1941年2月下旬，无锡县漕东区政府在南桥的张华村成立，区长洛斐。4月，无锡县东桥区政府在东桥镇成立，区长王建。5月，无锡县黄埭市政委员会（区级）在黄埭镇成立，主任周荫圃，副主任钱冰，王志方。

《吴县革命斗争简史》中关于漕东区委、黄埭市政委员会成立的记载

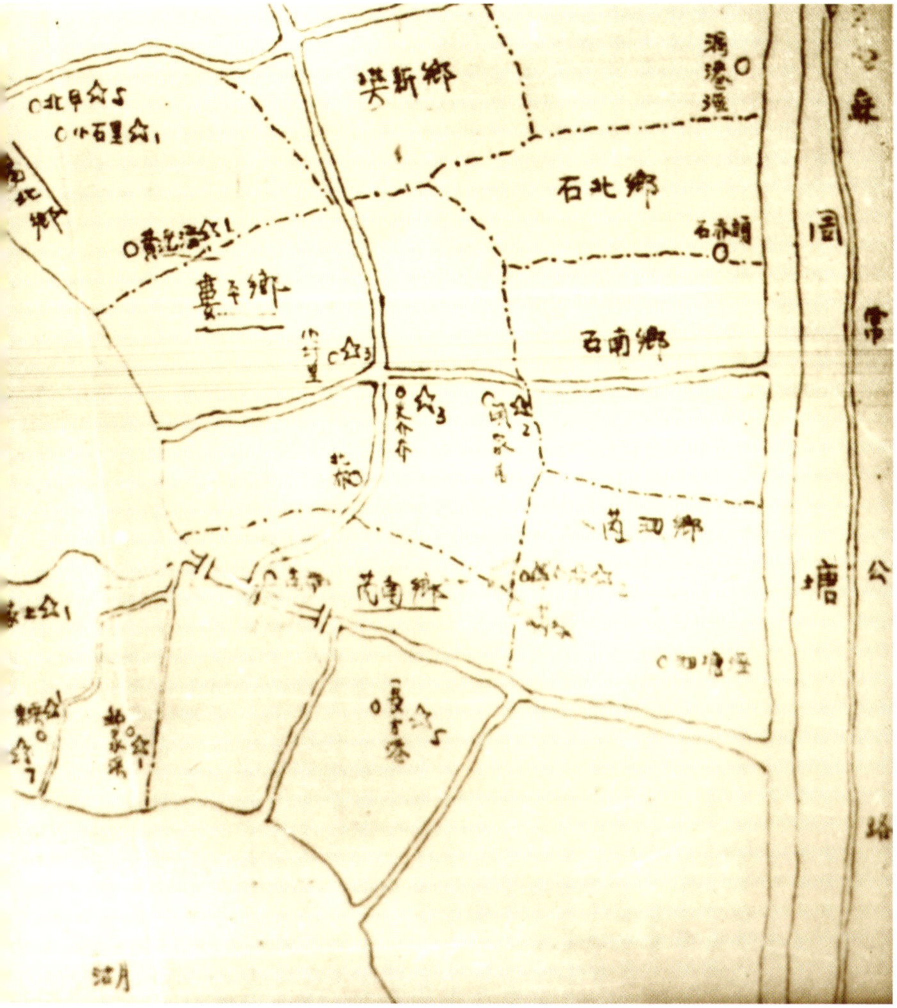

王彬南（陈品良）保存的 1941 年漕东区党员分布图（档案史料照片）

王彬南（陈品良）入党时期的照片（档案史料照片）

中共江阴峭岐区委书记尤成美烈士，化名滕霄、王峰（1920—1941）

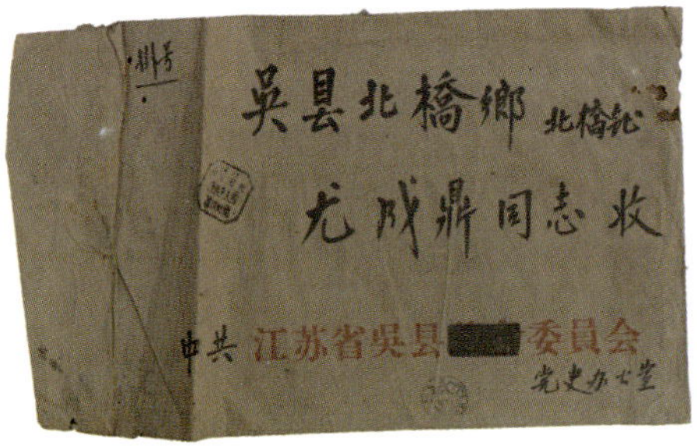

1981 年中共吴县党史办公室寄给尤成美后人的信件

尤成美烈士故居（档案史料照片，1980 年代摄）

北桥街道成美街（摄于 2023 年）

尤成美烈士故居（摄于 2023 年）

北桥街道成美桥（摄于 2023 年）

悼念尤成美、俞阿甲烈士暨树碑建墓仪式
（档案史料照片，1992 年 4 月 3 日摄）

尤成美烈士墓
（档案史料照片，1992 年摄）

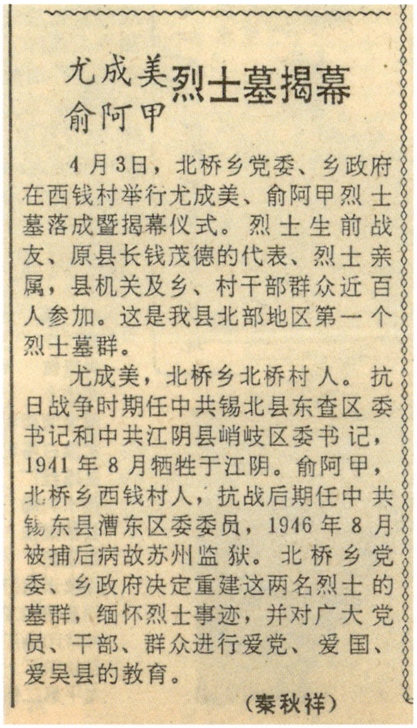

尤成美 俞阿甲 烈士墓揭幕

4 月 3 日，北桥乡党委、乡政府在西钱村举行尤成美、俞阿甲烈士墓落成暨揭幕仪式。烈士生前战友、原县长钱茂德的代表、烈士亲属，县机关及乡、村干部群众近百人参加。这是我县北部地区第一个烈士墓群。

尤成美，北桥乡北桥村人。抗日战争时期任中共锡北县东查区委书记和中共江阴县峭岐区委书记，1941 年 8 月牺牲于江阴。俞阿甲，北桥乡西钱村人，抗战后期任中共锡东县澧东区委委员，1946 年 8 月被捕后病故苏州监狱。北桥乡党委、乡政府决定重建这两名烈士的墓群，缅怀烈士事迹，并对广大党员、干部、群众进行爱党、爱国、爱吴县的教育。

（秦秋祥）

1992 年 4 月《吴县报》刊登尤成美、俞阿甲烈士墓揭幕的报道

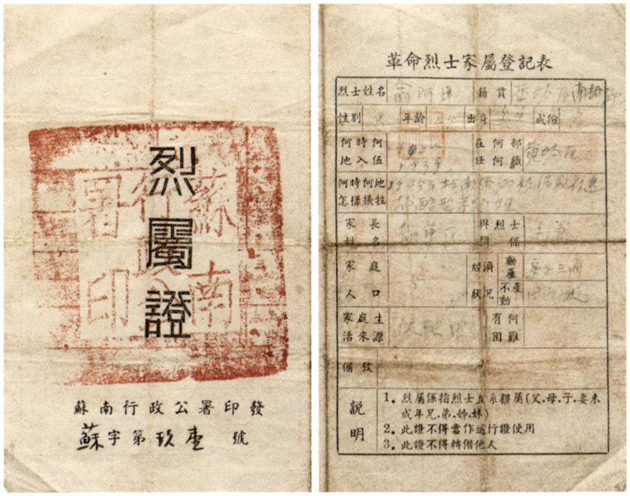

烈屬證

蘇南行署印

蘇南行政公署印發

蘇字第玖叁 號

革命烈士家屬登記表

烈士姓名	俞阿甲	籍貫	
性別		年齡	
何時何地入伍		在何部任何職	
何時何地怎樣犧牲			
家長姓名		與烈士關係	
家庭人口		經濟狀況	
家庭生活來源		有何困難	
備致			

說明
1. 烈屬係指烈士直系親屬(父.母.子.妻未成年兄.弟.姊.妹)
2. 此證不得當作通行證使用
3. 此證不得轉借他人

俞阿甲烈士家属证（1951 年）

俞阿甲烈士牺牲时的血衣

1941 年 6 月至 9 月任中共黄埭中心区委书记的马政三烈士（1910—1942）

2017 年 9 月 20 日，北桥中心小学举行抗战老兵薛惠春革命事迹专题报告会（任亚峰摄于 2017 年）

曾任澧东区交通员的薛惠春（档案史料照片）

1941 年 5 月至 9 月任黄埭市政委员会主任的周荫圃（1907—1956）

参军 6 年，经历大小战斗 100 多次，先后受枪伤 6 次。薛惠春身上，至今仍有未取出的骨碎片——

这个“小个子”，打不死

□苏报驻相城区记者 顾 玲

昨天下午，相城区北桥中心小学来了一位特殊的“客人”，他以亲历的革命斗争为主线，为 300 多名师生做了一场主题为“少年、档案与革命情怀”的报告会。

他就是薛惠春，是北桥党龄最大的老党员，也是当年军中打不死的“小个子”。

“小个子”立志抗日

身高还没枪高，但他说：“虽然我不能背，但是我可以扛。”

薛惠春出生于北桥漕湖村，8 岁时父亲就去世了。在他 13 岁的时候，日本鬼子占领了苏州。“这时候，新四军领导的江抗部队经过村里，有几个战士还住进了我家”，薛惠春说，那时他就立志要干革命、打鬼子。

14 岁那年，薛惠春报名参军。起初，他在基干队，主要宣传抗日做好通讯员的工作。在联络中，要穿过日本鬼子的岗哨。为了迷惑敌人，他有时穿一件破棉袄，有时换上青花布短衫，敌人注意到他时，他就蹦蹦跳跳装做玩耍。不到半年时间，他传递各种情报 20 多次，出色完成了首长交给的任务。

1945 年，薛惠春到苏北参加新四军。“那时我 17 岁，但因为营养不良，十分瘦弱”，薛惠春说，连长拿了一杆枪对着他比了比，说：“你的身高还没枪高，没法背枪。”薛惠春说：“虽然我不能背，但是我可以扛。”在他的再三恳求下，连长终于同意了。

战斗中负伤无数

左颊上的“酒窝”是淮海战役时负的伤，渡江战役时右腿被打断

薛惠春今年虚龄 90 岁，乍一眼，根本看不出他一直被旧伤病痛折磨着。在部队 6 年时间里，薛惠春经历大小战斗 100 多次，先后受枪伤 6 次，身上、腿上有不少伤口。

薛惠春两颊嵌着一对酒窝，其中，左边的酒窝特别深。“这是个伤口”，薛惠春说，这是淮海战役时留下的。在和杜聿明部队战斗的时候，他中了卡宾枪子弹，当时子弹从他的左脸颊穿进去，又从左耳下侧穿出来，整个面部鲜血淋漓。

“受伤最重的是右腿”，薛惠春撸起裤管，记者看到，他的右小腿严重变形，深陷的伤口触目惊心。薛惠春说，渡江战役时，他在冲锋中中了 3 枪，腿上被打出了 6 个洞，“腿被打断了”。这次受伤，让他不得不拄上了拐棍。薛惠春说，回老家后，旧伤经常复发，去医院拍片后发现腿骨已经错位，还有很多骨碎片在里面。虽然做过好几次手术，骨碎片至今仍未全部取出。

奖状全留在了战场

“一床棉被也没带回来”，羡慕现在的孩子可以无忧无虑学习

薛惠春参加了苏中七战七捷、淮海战役、渡江战役、战上海等战役。“当年和我一起参军的十几个同志，回来的没几个”。

薛惠春荣立二等功 1 次、三等功 2 次，所在班也获得一次集体荣誉，可惜的是，这些奖状没有保存下来。薛惠春说，“一直在打仗，负伤后背包什么的全部留在了战场，就连一床棉被也没带回来”。

“看到现在的孩子，可以无忧无虑的学习、生活，真的很羡慕”，薛惠春说，由于没有文化，当年自己在部队时，无法和家里书信联系，家里的情况一点都不知道。薛惠春说，希望孩子们能珍惜这么好的学习机会，学好知识，以后为国效力。

2017 年 9 月 21 日《苏州日报》关于薛惠春事迹的报道

王家庄事件

1941年4月，地方武装杨忠（杨筱南）部队偷袭漕东区驻地北桥王家庄，洛斐、江影等被俘，羁押转移至蠡口灵前村被害。

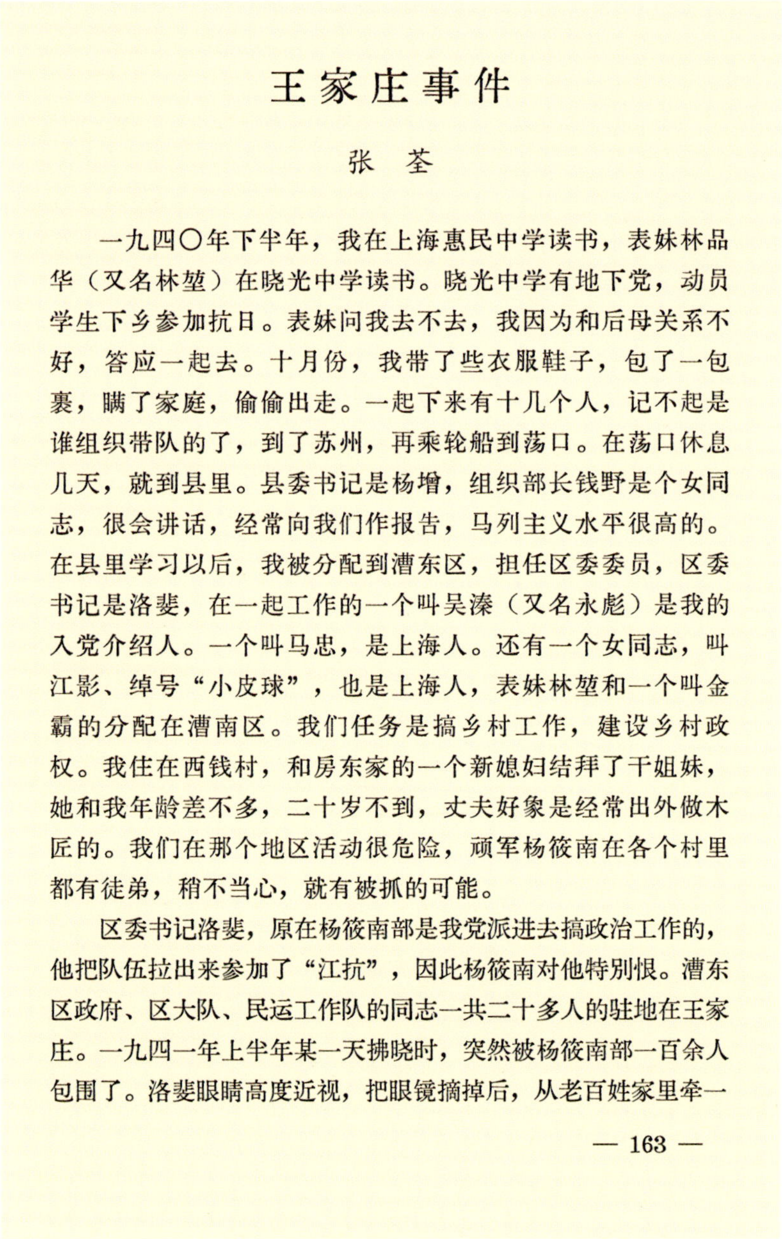

王家庄事件

张 荃

一九四〇年下半年，我在上海惠民中学读书，表妹林品华（又名林堃）在晓光中学读书。晓光中学有地下党，动员学生下乡参加抗日。表妹问我去不去，我因为和后母关系不好，答应一起去。十月份，我带了些衣服鞋子，包了一包裹，瞒了家庭，偷偷出走。一起下来有十几个人，记不起是谁组织带队的了，到了苏州，再乘轮船到荡口。在荡口休息几天，就到县里。县委书记是杨增，组织部长钱野是个女同志，很会讲话，经常向我们作报告，马列主义水平很高的。在县里学习以后，我被分配到漕东区，担任区委委员，区委书记是洛斐，在一起工作的一个叫吴溱（又名永彪）是我的入党介绍人。一个叫马忠，是上海人。还有一个女同志，叫江影、绰号“小皮球”，也是上海人，表妹林堃和一个叫金霸的分配在漕南区。我们任务是搞乡村工作，建设乡村政权。我住在西钱村，和房东家的一个新媳妇结拜了干姐妹，她和我年龄差不多，二十岁不到，丈夫好象是经常出外做木匠的。我们在那个地区活动很危险，顽军杨筱南在各个村里都有徒弟，稍不当心，就有被抓的可能。

区委书记洛斐，原在杨筱南部是我党派进去搞政治工作的，他把队伍拉出来参加了“江抗”，因此杨筱南对他特别恨。漕东区政府、区大队、民运工作队的同志一共二十多人的驻地在王家庄。一九四一年上半年某一天拂晓时，突然被杨筱南部一百余人包围了。洛斐眼睛高度近视，把眼镜摘掉后，从老百姓家里牵一

— 163 —

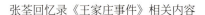

张荃回忆录《王家庄事件》相关内容

王家庄现貌（摄于 2023 年）

曾任漕东区军事股长的叶寒清重返北桥王家庄

（档案史料照片，1985 年 10 月摄）

漕东区公所在王家村的驻地（档案史料照片，1980 年代摄）

洛斐、江影等从北桥王家庄到蠡口灵前村的羁押路线示意图

南门大楼
照相 ZHAO XIANG

江影（原名谢璇英）烈士
（1924—1941）

江影、洛斐牺牲处——蠡口灵前村香花桥旧址
（档案史料照片，1980 年代摄）

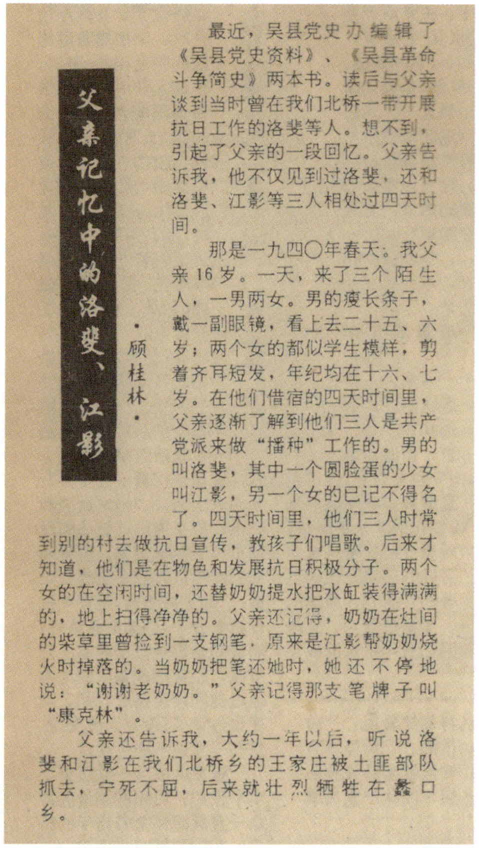

父亲记忆中的洛斐、江影

·顾桂林·

最近，吴县党史办编辑了《吴县党史资料》、《吴县革命斗争简史》两本书。读后与父亲谈到当时曾在我们北桥一带开展抗日工作的洛斐等人。想不到，引起了父亲的一段回忆。父亲告诉我，他不仅见到过洛斐，还和洛斐、江影等三人相处过四天时间。

那是一九四〇年春天。我父亲 16 岁。一天，来了三个陌生人，一男两女。男的瘦长条子，戴一副眼镜，看上去二十五、六岁；两个女的都似学生模样，剪着齐耳短发，年纪均在十六、七岁。在他们借宿的四天时间里，父亲逐渐了解到他们三人是共产党派来做“播种”工作的。男的叫洛斐，其中一个圆脸蛋的少女叫江影，另一个女的已记不得名了。四天时间里，他们三人时常到别的村去做抗日宣传，教孩子们唱歌。后来才知道，他们是在物色和发展抗日积极分子。两个女的在空闲时间，还替奶奶提水把水缸装得满满的，地上扫得净净的。父亲还记得，奶奶在灶间的柴草里曾捡到一支钢笔，原来是江影帮奶奶烧火时掉落的。当奶奶把笔还她时，她还不停地说：“谢谢老奶奶。”父亲记得那支笔牌子叫“康克林”。

父亲还告诉我，大约一年以后，听说洛斐和江影在我们北桥乡的王家庄被土匪部队抓去，宁死不屈，后来就壮烈牺牲在蠡口乡。

1991 年《吴县报》刊登《父亲记忆中的洛斐、江影》一文

重建蠡口洛斐、江影、梁瑾瑜烈士墓（档案史料照片，1984 年 4 月摄）

叶寒清（左二）祭扫洛斐、江影烈士墓
（档案史料照片，1988 年 10 月摄）

蠡口洛斐、江影、梁瑾瑜烈士墓（档案史料照片，1992 年摄）

位于澄阳街道的洛斐、江影、梁瑾瑜烈士墓（摄于 2023 年）

1939年3月，从上海来了个马纪成，他以逃难为名到我们村上——渭塘沈家巷，搞地下党工作。……1939年5月，他发展三官堂的许阿根、吕文忠和我入党（我那时是庄头村的私塾教师）。3人组成一支部，吕文忠为支部书记，许阿根为组织委员，我为宣传委员。

周明回忆录《漕湖地区革命斗争片段》中关于梁瑾瑜的记载

梁瑾瑜子女祭扫烈士墓（档案史料照片，1992 年 6 月摄）

梁瑾瑜同志，原名梁启明，化名张纪华，回族，南京市人。1920年出生。十七岁，在上海大新公司（即现在的中百一店）当练习生，加入了中国共产党。

1939年冬辛莫区任副区长，区委书记汤有光。我是在1940年下半年由东路教委会的流动施教团调到辛莫区。汤有光调走后，就由梁瑾瑜接任区委书记。当时梁瑾瑜很忙，很紧张，要做大量的工作，如：召开群众大会，组建地方自卫队；做各种组织工作（建立工会、农会、妇女会等）；收集情报，汇报上级；听取上级指示，与同志们一起研究和布置、总结工作；抓到汉奸、特务、惯匪后还要组织召开斗争会、公审会；他还带领同志们到茶馆、到农民家里去宣传抗日，启发他们的阶级觉悟，发展抗日力量等。在环境许可下，他也爱唱歌，他常对同志们说：“我们是新四军，应该把我们的军歌学会，唱好”。

梁瑾瑜同志的哥哥不幸早逝，家庭生活很困难，但他为了革命，为了中华民族的解放事业，毅然离开了年逾花甲的父母亲，从上海来到苏常太地区工作。

我是1941年春同梁瑾瑜同志结婚的。怀孕以后反应比较严重，经组织批准于5月离开常熟到上海休息，岂料从此一别竟成永诀！听乐秀华说，我走后不久，老梁带领四位同志乘船去小潭荡乡工作，他们穿过辛庄小桥浜进张港泾，在辛庄河与孙纪福部队遭遇，不幸落入敌手而被杀害于辛庄大坟上。当时他年仅二十岁。

乐加里回忆录《珍藏在心底的回忆》中关于梁瑾瑜的记载

反“清乡”斗争

1941年7月，日伪军分三期分别对苏常太、锡澄虞等抗日根据地开展“清乡”运动，我根据地军民开展艰苦卓绝的反“清乡”斗争。相城区境内党政组织遭严重破坏，或撤销或转入地下。

1941 年汪伪政权的“清乡”布告

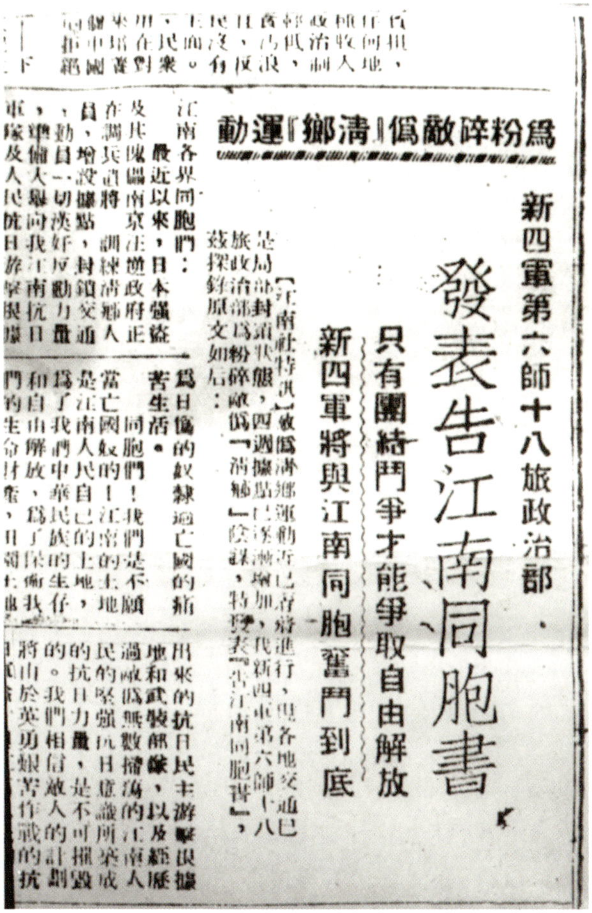

爲粉碎敵偽『清鄉』運動

新四軍第六師十八旅政治部

發表告江南同胞書

只有團結鬥爭才能爭取自由解放

新四軍將與江南同胞奮鬥到底

【江南社特訊】敵偽清鄉運動近已普遍進行，與各地交通已是局部封鎖狀態，四週據點已逐漸增加，代新四軍第六師十八旅政治部爲粉碎敵偽「清鄉」陰謀，特發表『告江南同胞書』，茲採錄原文如后：

江南各界同胞們：最近以來，日本强盜及其傀儡南京汪逆政府正在調兵遣將，訓練清鄉人員，增設據點，封鎖交通，動員一切漢奸反動力量……

新四军六师十八旅反“清乡”斗争的布告

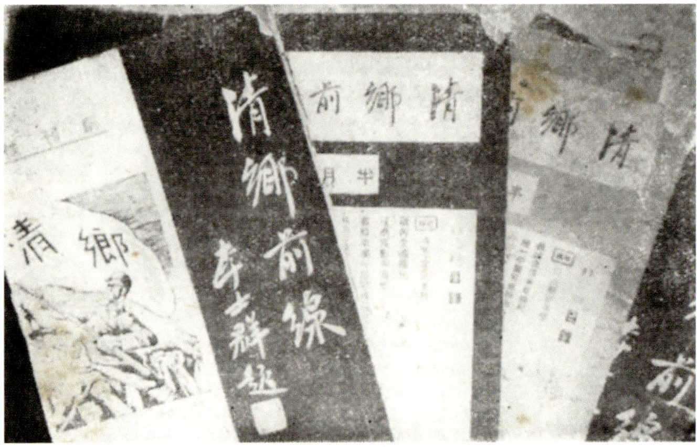

汪伪政权的“清乡”刊物

日伪“清乡”时筑的篱笆墙

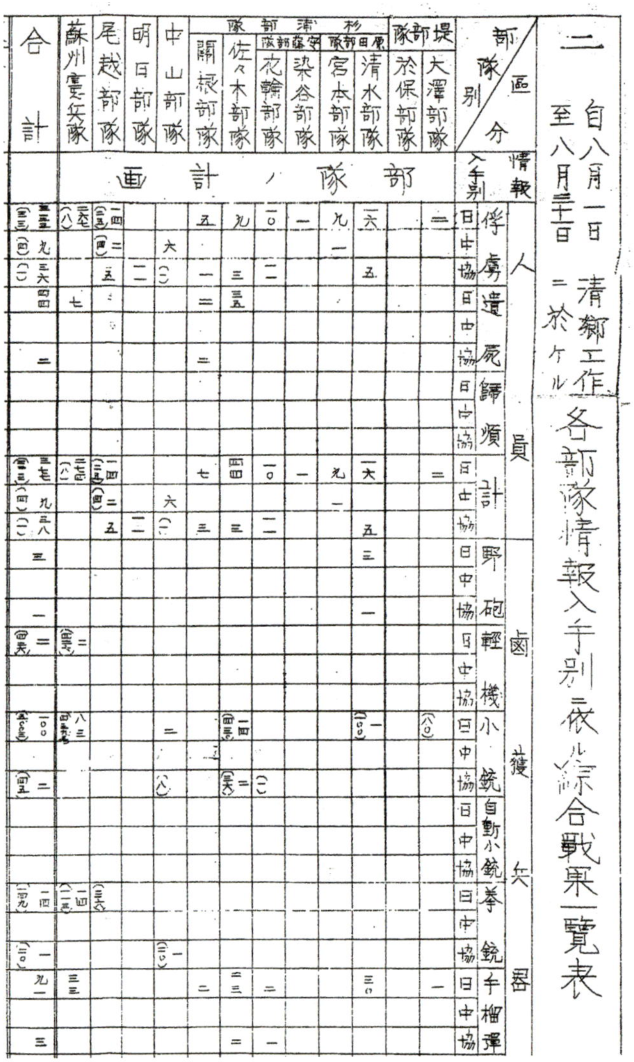

二 自八月一日至八月三十一日 清鄉工作ニ於ケル各部隊情報入手別ニ依ル綜合戰果一覽表

部隊別：堤部隊（大澤部隊、於保部隊）、杉浦部隊（清水部隊、宮本部隊、染谷部隊、花輪部隊）、佐々木部隊、關根部隊、中山部隊、明日部隊、尾越部隊、蘇州憲兵隊、合計

區分：人員（俘虜、遺棄屍體、歸順、計）、鹵獲兵器（野砲、輕機、小銃、自動小銃、拳銃、手榴彈）；情報入手別：日、中、協

1941 年 8 月日军“清乡”统计表

京滬路又被炸
交通一度中斷
日寇在沿線設電網四重
仍不能防我軍入內埋雷

（中央社上海二日合衆電）五月廿一日晨，京滬路上有火車一列，在蘇州附近遭襲被炸，毀車頭及三等客車各一，死傷數目未詳，惟交通中斷達十五小時之久，至一日下午始告恢復。據某祭談：日本在京滬路沿線設有電網四重，惟華軍仍能潛入線內，在軌下敷設地雷。

1941 年 6 月《新华日报》刊登关于新四军反“清乡”斗争的报道

我游擊隊不斷進襲下
京滬線敵恐懼
在全路架設電網防我破路

鄂境敵兵續有自殺，開封附近僞軍反正

使日寇胆寒的
中華民族精神
浙敵佔區多勇士

1941 年 7 月《新华日报》刊登关于新四军反“清乡”斗争的报道

滬郊我游擊隊活躍
一度截斷京滬路
粵西江敵出擾受創

（中央社香港十七日電）滬訊，今午交通界消息：昨夜滬寧鐵路貨車一列，駛經安亭站（南翔崑山間）附近時，因路軌被掘去，以致該貨車出軌失事，機車一輛及貨車多輛，因之傾倒於路旁，致今日來往滬寧間之各班客車，均無法直接通車。

（中央社上海十八日國際電）昨日上午由上海開往南京之載貨列車，在蘇州附近中地雷出軌，幸未傷人，並車箱內部及火車頭出軌，路軌亦經炸毀，一般咸信此乃游擊隊所爲。

（中央社上海十八日國際電）華方游擊隊昨晨曾至僞方所謂之「農村經營區」「觀光」，該區係由汪組織之軍隊巡防，游擊隊將區內路軌破壞，致由滬駛京之快車有五輛出軌。

（中央社肇慶十七日電）西江三水敵於十六日拂曉，分股向蘆苞三水黃塘等地進犯，經我軍分途堵擊，戰至傍晚，敵不支，於暮色蒼茫中狼狽逃竄，是役敵走首三水河面被我擊沉浮划多個，淹斃敵兵甚衆。

（中央社樊城十七日電）我軍某部，六日襲入寺感城內，於深夜中向敵重要機關炎擊，斃敵甚衆，同時將敵彈藥汽油等庫悉燬遂牛。

（中央社屯溪十八日電）皖南蕪湖灣沚間敵約集一部，於六日向灣沚以東之東門渡一帶進犯，爲我軍邊阻，戰至十日晨，敵始擊潰，是役斃傷敵三百餘，鹵獲步槍及軍用品甚多

1941 年 8 月《新华日报》刊登关于新四军反“清乡”斗争的报道

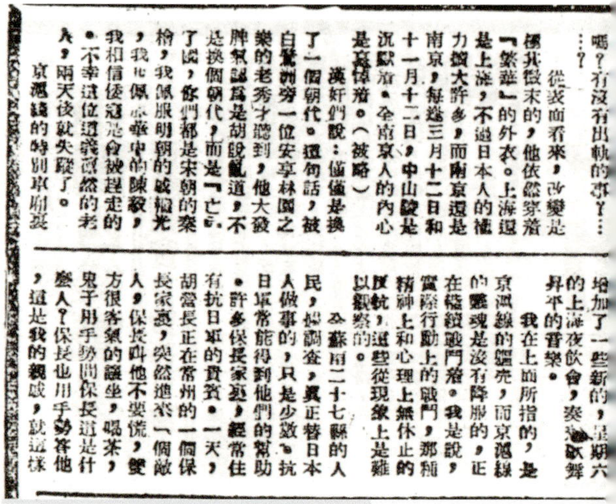

嗎？有沒有出軌的事？…
…？
從表面看來，改變是極其微末的，他依然穿着「繁華」的外衣。上海還是上海，不過日本人的權力擴大許多，而南京還是南京，每逢三月十二日和十一月十二日，中山陵是沉默着。全南京人的內心是哀悼着。（被略）
漢奸們說：僅僅是換了一個朝代。這句話，被白鷺洲旁一位安享林園之樂的老秀才聽到，他大發脾氣認爲是胡說亂道，不是換個朝代，而是「亡了國，你們都是宋朝的秦檜，我祇服明朝的威福光，我也佩服華中的陳毅，我相信倭寇是會被趕走的。不幸這位道義凜然的老人，兩天後就失蹤了。
京滬線的特別車廂裏增加了一些新的，星期六的上海夜飲會，奏着歌舞昇平的音樂。
我在上面所指的，是京滬線的軀殼，而京滬線的靈魂是沒有降服的，正在繼續戰鬥着。我是說，實際行動上的戰鬥，那種精神上和心理上無休止的反抗，這些從現象上是難以觀察的。
蘇南二十七縣的人民，據調查，眞正替日本人做事的，只是少數。抗日軍常能得到他們的幫助。許多保長家裏，經常住有抗日軍的貴賓。一天，胡當長正在常州的一個保長家裏，突然進來「一個敵人，保長叫他不要慌，雙方很客氣的讓坐，喝茶，鬼子用手勢問保長這是什麼人？保長也用手勢答他，這是我的親戚，就這樣

1941 年 10 月《新华日报》刊登江南“清乡”后的情景——《京沪线上》

反“清乡”斗争中牺牲的新四军六师十八旅五十四团参谋长王明星烈士（1919—1941）

反“清乡”斗争中牺牲的中共辛莫区委书记朱凡烈士（1919—1941）

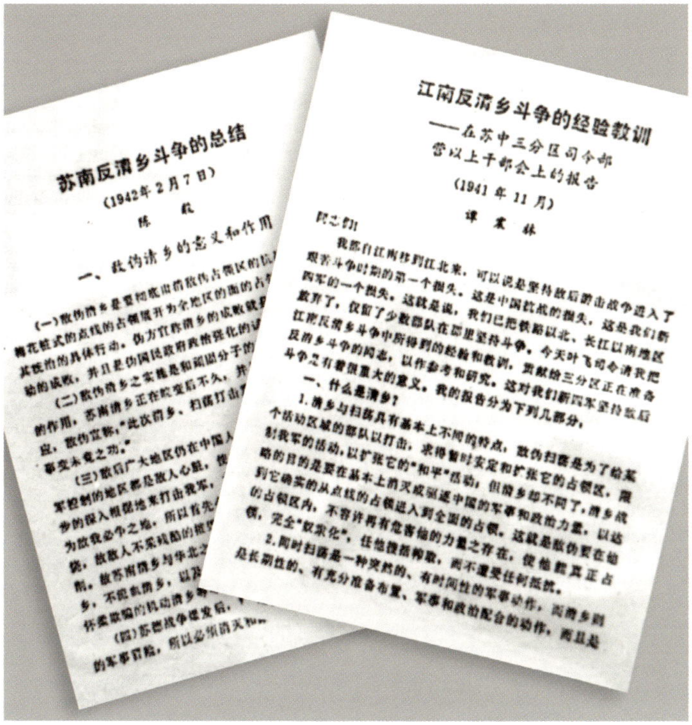
苏南反清乡斗争的总结
（1942年2月7日）
陈毅
一、敌伪清乡的意义和作用

江南反清乡斗争的经验教训
——在苏中三分区司令部营以上干部会上的报告
（1941年11月）
谭震林

反“清乡”斗争的总结

五、反“清乡”斗争

一九四一年秋天，日寇开始大规模“清乡”，吴县特别区公署设在渭泾塘，署长谢叔锐。沿苏常线公路扎了竹篱笆，层层严密封锁。在渭塘、陆墓设有大检问所，段泾上、塘角上设有小检问所，都有日寇驻守，经过检问所的男女，衣服都要脱掉，排着队，挨个被查问。汪精卫、林百森视察江南“清乡”模范区，就是由谢叔锐陪同到渭塘、吴塔、常熟一带视察的。“清乡”时吴县的伪县长是沈靖华（沈原系国民党三战区江南行署派往苏、常、昆、太地区收编忠救军的头目，后投降日寇），漕东地区为第六区，伪区长陆挺。当时南桥驻日寇一个小队，警备队长西园，翻译周小达，共有鬼子八人。还有特工队三十多人，队长姜天雄。伪保安中队一百余人，伪警察三十多人（分驻北桥十二三人，思家桥十余人，石桥十余人），塘角是日寇的小检问所，人员更多。

王彬南回忆录《漕湖地区革命斗争的回忆》关于反“清乡”斗争的记载

曾任漕东区委书记兼区长的钱茂德重访长青乡（现虎丘区白洋湾街道）（档案史料照片，1984 年 9 月 28 日摄）

四、进行反“清乡”斗争。

江南农村匪患稍为平息，抗日活动日益高涨，使日寇如坐针毡，为此进行了灭绝人性的规模最大的“清乡”。这时，上面告诉我，现在要向澄锡虞“清乡”了。常熟到苏州沿运河的竹篱笆已筑成，每个进出口增派了鬼子兵，检问所检查得更严了。上级党作了反“清乡”部署，凡是在地方上公开暴露的党员干部，转移到别地隐蔽埋伏；凡是尚未暴露身份的党员留下来，同群众一起坚持斗争。

一九四一年五月，区长包正调走，一批上海下来的青年也陆续调走了。六月，锡东县委派陶云霞（女）到我们家乡，研究如何进行反“清乡”斗争，并作了初步部署。不久，县委马政三又亲自找我研究，他告诉我，敌伪已把西钱、南北桥划为匪区，即将封锁扫荡“清乡”。要我迅速转移，西钱村党的工作由俞阿甲负责。

七月十四日，我转移到虎丘北面农村南望乡（今长青乡）东港地方蒋大妹家隐蔽，大妹娘帮我弄了一张“良民证”。为了取得合法身份，请我做教师。第一年（一九四二年）在沙上桥徐家教书，第二年（一九四三年）在圣堂桥庙里教书，第三年（一九四四年）在螳螂桥邹家教书。我按照马政三同志的指示，每到一个地方，首先交知心朋友，团结贫雇农，掩护自己，到一个地方要生根开花。邹家的主人告诉我，螳螂桥以北的渔池弄，那里有个赵建平是个新四军，经常在附近活动，并且有项金男、金瑞生等参加了他领导的武装游击队。

钱茂德回忆录《回忆在漕湖地区和交通线上的斗争》中记载的反“清乡”斗争

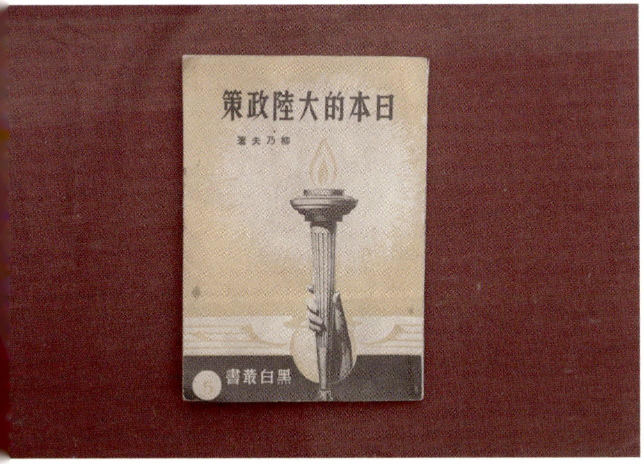

钱茂德当年学习的书籍

反“扫荡”战歌

反“扫荡”，反“扫荡”！沿岭大捷，血战繁昌！
英勇牺牲的革命战士，
壮烈殉国的吴焜团长，
他们的鲜血喷满了敌人的胸膛，
他们的战绩，发扬了民族的荣光！
粉碎敌人分进合围，夺取敌人精锐武装。
这是我们空前的胜利，
为了让顽固分子无处躲藏。
同志们，我们踏着先烈的血迹前进，
反“扫荡”，反“扫荡”！

歌曲《反“扫荡”战歌》

锡东县委继续战斗

1942年3月，中共锡东县委书记陈佩三（化名陈源、陈锦昌）以立泰商号股东及奚泾浜小学校长的双重身份隐蔽在东桥地区开展革命工作，宣传部部长赵建平以教书为业隐蔽在黄桥神仙庄。5月，包厚昌率部二下江南，赵建平与连长钱青等转移至虎丘北麓鱼池弄。包厚昌称鱼池弄地区为“小苏北”。1944年4月，发生蠡口积灵桥战斗。

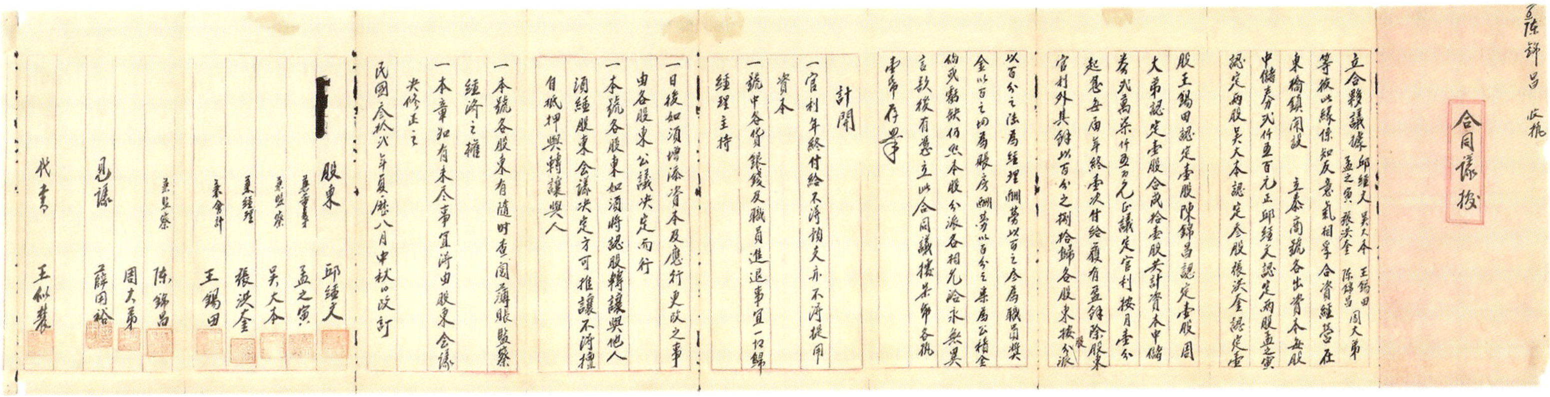

陈佩三（化名陈锦昌）作为股东签订《东桥立泰商号合伙合同》

陈佩三，又名陈源、陈公生、陈锦昌
（1901—1945）

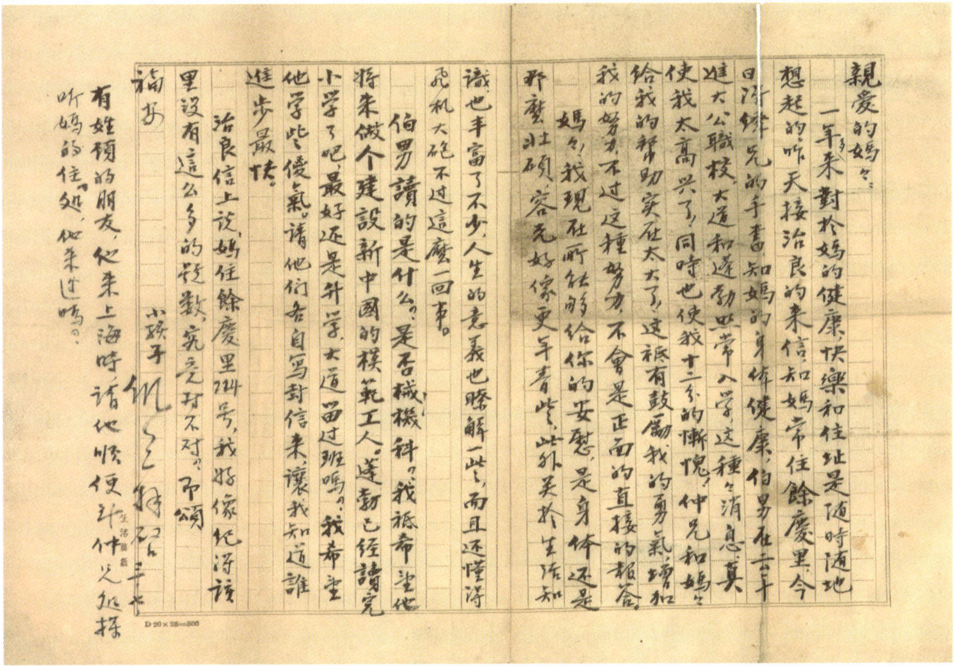

親愛的媽々：

一年多来對於媽的健康、快樂和住址是随時随地想起的。昨天接治良的来信，知媽常住餘慶里，今日済錦兄的手書，知媽的身体健康，伯男在去年進大公職校，大逵和逵勤照常入学，这種々消息，真使我太高興了！同時也使我十二分的慚愧！仲兄和媽々給我的帮助实在太大了！这祗有鼓勵我的勇氣，增加我的努力，不过这種努力不會是正面的直接的報答。

媽々！我現在所能够給你的安慰，是身体还是那麼壮碩，容光好像更年青些，此外关於生活知識也丰富了不少，人生的意義也瞭解一些々，而且还懂得飛机大砲不过這麼一回事。

伯男讀的是什么？是否織機科？我祗希望他將来做个建設新中國的模範工人。逵勤已经讀完小学了吧，最好还是升学。大逵留过班嗎？我希望他学些傻氣。請他们各自写封信来，讓我知道誰進步最快。

治良信上說，媽住餘慶里24号，我好像記得該里没有這么多的號數，究竟对不对？

順頌

福安

小孩子 佩三拜

有姓顾的朋友，他来上海時，請他順便到仲兄处探听媽的住处，他来过嗎？

1941年陈佩三在苏西北地区开展地下工作时给母亲写的信

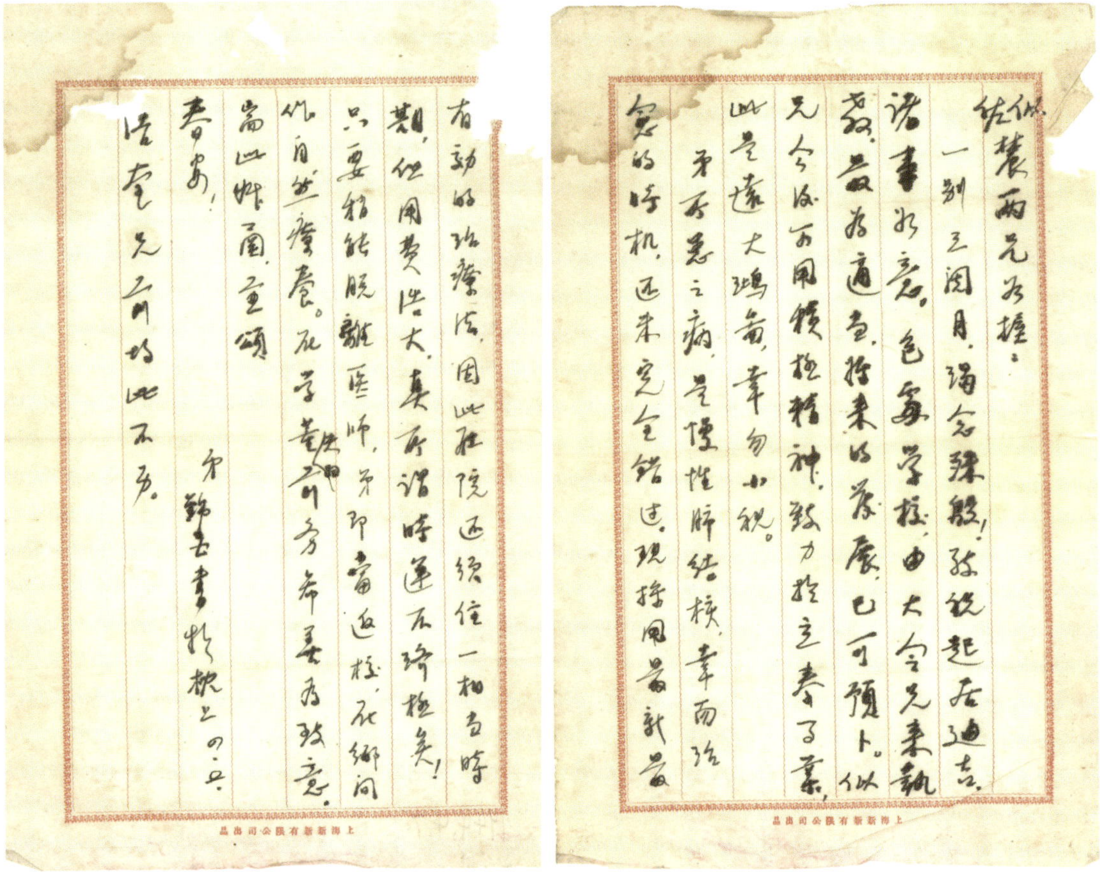

似农、佐农两兄如握：
一别三阅月，绵念殊殷！[illegible]想起居迪吉，诸事如意。[illegible]学校，由大会先来执教，最为适宜，将来的发展，已可预卜。似兄今后可用积极精神，致力于[illegible]事业，此是远大鸿图，幸勿小视。
弟前患之病，是慢性肺结核，幸而治愈的时机，还未完全错过，现将用最新最有效的治疗法，因此在院还须住一相当时期，但用费浩大，真所谓时运不济极矣！只要能够脱离医师，弟即当返校，在乡间作自然疗养。在学[illegible]前，务希善为致意，当此[illegible]，重颂
春安！
弟 [illegible] 书于枕上 四·七
佐农兄前均此不另。

1944 年 4 月 7 日陈佩三病中给王似农、王佐农的书信

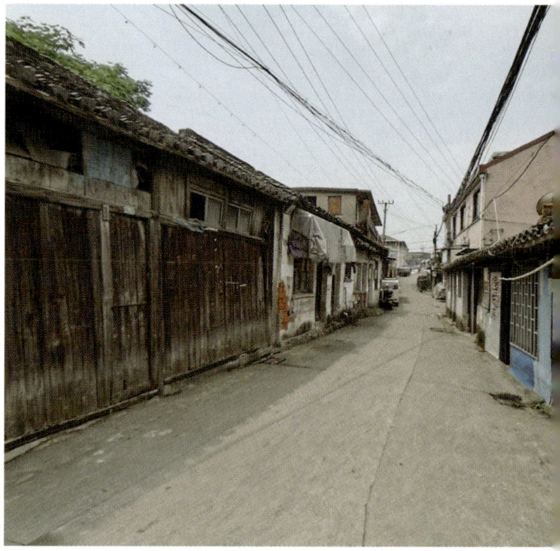

东桥北街（任亚峰摄于 2021 年 6 月）

东桥南街（任亚峰摄于 2021 年 6 月）

奚泾浜村现貌（陈佩三曾任奚泾浜小学校长）（摄于 2023 年）

一九四二年三月，锡东县委恢复工作，重建武装，进行反“清乡”斗争，党的活动仍秘密进行。县委书记陈源（陈佩三、无锡建党初期党员）和惠俊山两同志指示要我再去东桥区工作，任区特派员，设法能住下来，建立秘密立足点。当时我二哥王似农在镇上私立又新小学任校长，到达后和他商量，原来校董吴大本正在搭夥酝酿开店，趁此机会，吐露做教师厌倦，也想投资进店经商，学校让我负责。从此以后，我以又新小学教师为掩护，立足住了下来，陈、惠两同志又指示我速和王似农商量，推说陈锦昌（陈源同志化名）先生是我的知己朋友，失业在家，趁此机会，也想前来投资经商，帮助成事，陈锦昌先生准备来东桥商量。

四月，陈锦昌到达东桥，第一次见到王似农和校董吴大本，我就介绍这是陈锦昌先生，是我的朋友，推说他家有田二三十亩，曾在无锡城里开过十多年店，日本人来了失业在家，想到东桥来开店经商。吴大本讲要开店我们一起合开吧，大家谈得很热络，王似农把入股的另外六个人（包括陈锦昌、王似农计八人）的股东情况作了介绍，开店经营什么没有确定。这里街上没有豆饼麻丝桐油店，此地种田人，捉鱼人要趁航船到黄埭、浒墅关、苏州去买，真不便。陈锦昌讲，生意一定好。经征求未到的股东意见一致同意，店名定为“立泰商号”，店址设在东桥南堍西侧，原来东新楼茶馆朝南三间门面。

王中一回忆录《回忆开辟东桥区的工作经历》中记载的锡东县委的事迹

“小苏北”是指京沪铁路以北、无锡荡口以南、东桥浒关以东、苏（州）常（熟）公路以西，方圆三十余华里的地区。……因这个地区位于苏州城的北面，地方又不大，所以简称“小苏北”。

一九三九年新四军东进时，“小苏北”地区已播下了革命火种。一九四二年反“清乡”斗争时，新四军六师十八旅作战略性转移，我锡东县委也转移到“小苏北”隐蔽。县委书记陈源同志就在浒关小石桥做教师，其它领导人赵建平、钱佩芝、储新民、王阿土、朱帆等也以各种职业为掩护，在“小苏北”发动群众，坚持敌后抗日活动。……因这个地区鱼池纵横，所以当时习惯上又称“鱼池弄”。

李觉回忆录《“小苏北”地区的战斗》相关内容

时称“小苏北”的渔池弄地区（任亚峰摄于 2019 年）

钱青带的一个连和自卫军向东活动，同几倍于自己的敌人辗转战斗。最后只得把长枪埋伏起来，靠短枪坚持斗争。钱青那个连大部份分散隐蔽在梅村、查桥一带，后又转移到鱼池弄地区打埋伏，钱青自己则带几个人与我会合一起行动。

……

锡东县委深入到苏州虎丘一带（那里是敌伪的“清乡”模范区）秘密开展群众工作。在那里建立了一块根据地，成为澄锡虞斗争的后方。由于它地处苏州城北，大家都因此称它为“小苏北”。

……

1945年2月上旬，我带了一个警卫班十多人，四、五百个手榴弹和大批宣传品渡江南下。在江阴和锡北交界处一个小村庄宿营，这个村庄四面环水，只有一座小桥进出，叫白妥桥。半夜遇敌，后安全突围。先后来到了锡北和锡东检查工作，2月底，一路来到“小苏北”，在那里过农历正月半元宵节。

《包厚昌回忆录》关于鱼池弄和“小苏北”的记载

昔日天堂今日地獄

江南民衆苦

京滬線我軍仍活躍

（本報衡陽通訊）某君近頃自無錫輾轉抵衡，與談京滬沿線民衆生活及敵僞橫暴情形頗詳，據稱京滬沿線在敵僞壓榨之下，負担之重，實難喘息，汪逆僞組織五花八門要錢（區公所、鎮公所、綏靖隊、保安隊）各地屯駐日軍都強要民衆負擔其生活，僞縣府並追收廿七年直到卅一年份之田賦，均要在今年中完納，二十七年份已經追去，廿八年份至卅一年份者亦將開徵，生活程度奇高，自徒用汪逆發行之「中央儲備銀行鈔」（名之曰新法幣），凡中中交農法幣二元僅合僞幣一元，因之物價在無形中又高漲一倍，糧食方面卻壓低，農民物產米麥之類價均低落，賣進之日用品高昂，農民感到痛苦，凡有中交法幣者，無形中又損失半數，故民衆遭受物質及經濟之困迫矣。

去春汪逆僞組織在江南一帶實行所謂「清鄉運動」，民不堪其擾，所謂清鄉，係分期舉行，崑山太倉常熟蘇州爲第一期清鄉，在去年八月間結束，無錫江陰爲第二期，去年九月間開始至今年一月間結束。崑山蘇州無錫段路綫以西爲第三期清鄉，今年一月間開始即將結束。

因清鄉之故，敵軍於鐵道兩旁既掘一丈二尺深六尺闊之大溝，又裝設電線，電桿高與人等，線分上中下三條，通以電流以防清鄉區「壞人」逃出清鄉區域，私行通過鐵道封鎖線（無錫一帶爲第二期清

1942 年《新华日报》刊登《江南民众苦》一文

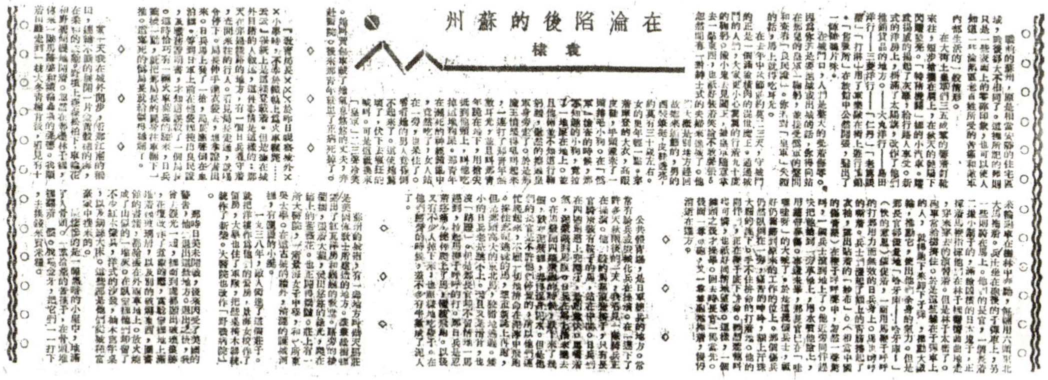

在淪陷後的蘇州

袁棣

1943 年《新华日报》刊登《在沦陷后的苏州》一文

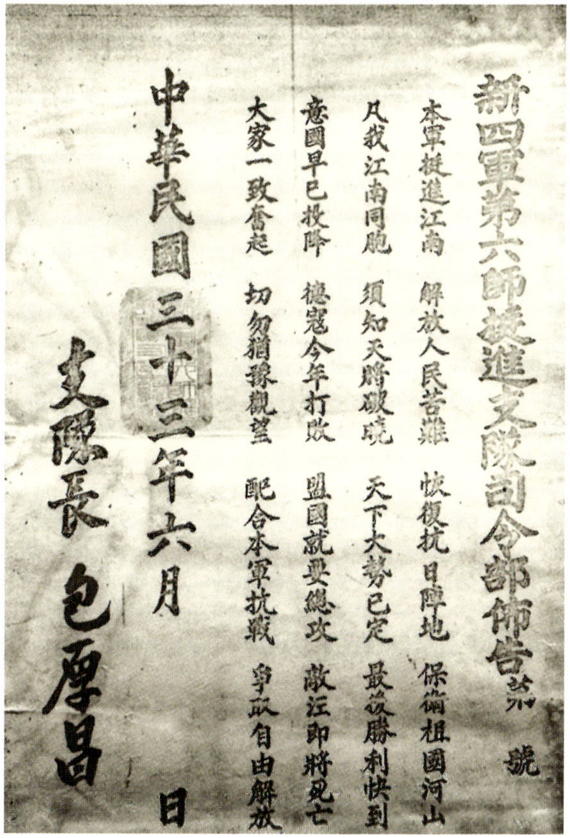

新四軍第六師挺進支隊司令部佈告

第　　號

本軍挺進江南　解放人民苦難　恢復抗日陣地　保衛祖國河山

凡我江南同胞　須知天將破曉　天下大勢已定　最後勝利快到

意國早已投降　德寇今年打敗　盟國就要總攻　敵汪即將死亡

大家一致奮起　切勿猶豫觀望　配合本軍抗戰　爭取自由解放

支隊長　包厚昌

中華民國三十三年六月　　日

1944 年新四军第六师挺进支队司令部布告

曾为苏州县手枪班战士的王金
（1922 年出生）

王金获得的抗战胜利 60 周年纪念章

王金获得的抗战胜利 70 周年纪念章

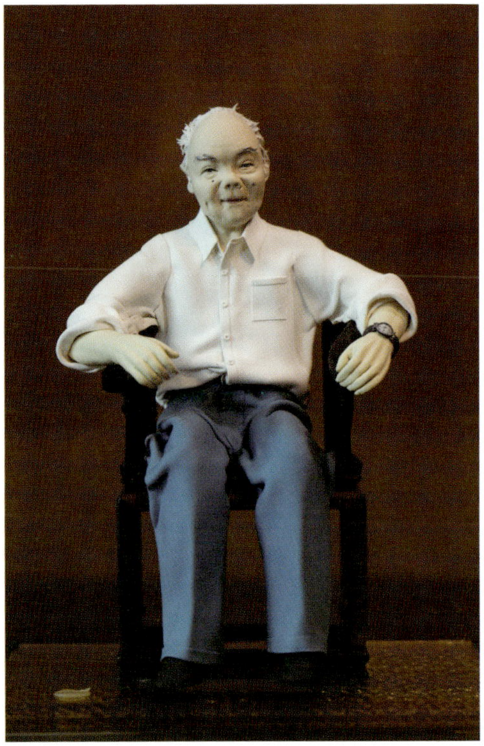

2015 年相城区委、区政府赠送给王金的塑像

积灵桥（俗称香花桥，位于蠡口东首万介角）战斗旧址现貌（摄于 2024 年）

约在1944年，小苏北（指苏州城北一带农村）游击队夏阳同志（即奚超然）来蠡口开辟工作，宣传抗日，我在他的动员下，参加了革命。以后经常与陈祖培同志接触，他送了我好多革命进步书籍。陈当时秘密住在徐庄后面一个瞎子保长家，有时陈晚间来我家畅谈抗日革命道理，並了解当地情况。1945年暮春的一天，夏阳同志带领七八人与胡肇汉部队近100人战斗在蠡口东首之万介角，我们牺牲了一位班长孙根效同志。这次战斗后，夏阳同志派人来要我脱产任小苏北游击队的随军医生，我遂与爱人毅然离家，服从革命需要，我在夏阳部队任医生，爱人跟秋亮同志（即夏阳爱人朱琳琅）搞妇抗工作，直至北撤。

奚绳祖回忆录《我在蠡口留守斗争的回忆》中记载的积灵桥战斗

积灵桥战斗前夜，战士们夜宿蠡口医生奚绳祖家。图为奚绳祖学习过的书籍

苏州县政府成立

1945年7月，中共领导的苏州县政府在黄桥方浜村成立，赵建平任县长，下设黄桥、漕东、东桥、黄埭、阳澄五个区。李觉任黄桥区区长，金瑞生任武工队队长，钱茂德任漕东区区长。7月，李觉带队在蠡口车站伏击伪保安队。8月，积极准备收复苏州，阻断黄埭荡、冶长泾，以防止国民党抢占胜利果实。9月，攻打陆墓国民党军。

1945 年《新华日报》刊发毛泽东同志“庆祝抗日胜利　中华民族解放万岁”题词

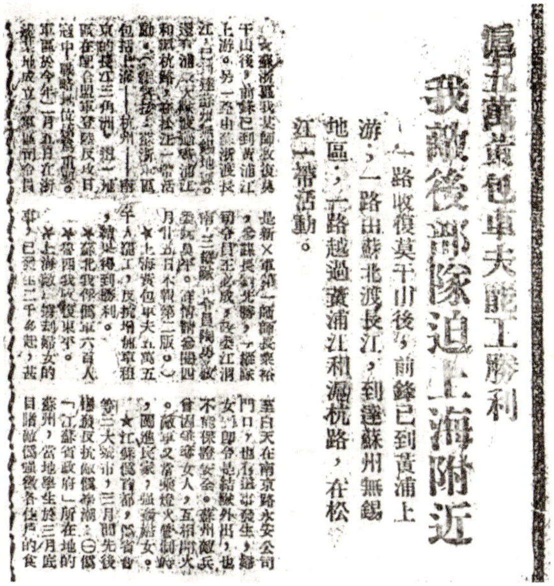

滬五萬黃包車夫罷工勝利

我敵後部隊迫上海附近

一路收復莫干山後，前鋒已到黃浦上游；一路由蘇北渡長江，到達蘇州無錫地區；一路越過黃浦江和滬杭路，在松江一帶活動。

1945 年《新华日报》关于新四军进逼上海的报道

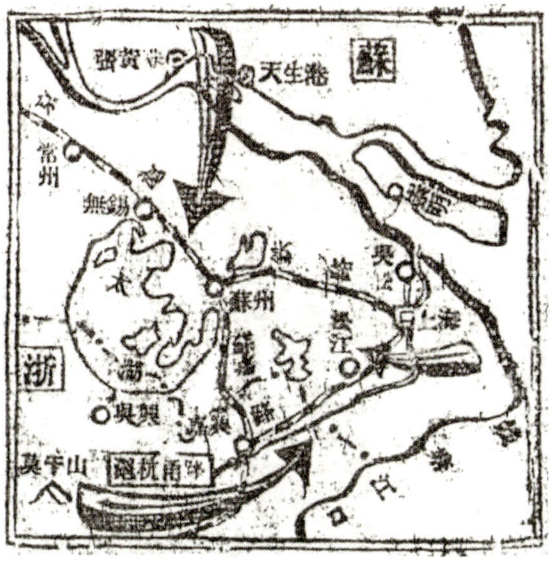

《新华日报》配图

苏州县政府所在地——黄桥网船浜顾金根家
（档案史料照片，1980 年代摄）

苏州县警卫连驻地——流动浜奚根兴家
（档案史料照片，1980 年代摄）

苏州县交通总站——流动浜王中彦住地
（档案史料照片，1980 年代摄）

一九四五年春县委决定由奚超然、顾明、李觉、钱茂德和我成立了吴县苏西北特区工委，并成立了行政办事处。我任书记兼办事处主任（这时罗德昌也南下到达渔池弄）。当时武工队的主要任务是发展党组织，扩大武装，建立区乡政权。

六、七月份建立了黄埭市委市政府和阳澄区委、区政府，并撤销苏西北行政办事处，成立了苏州县抗日人民政府，当时我任县长，民政科长王志芳，军事科长奚超然，秘书唐云鹄，交通总站站长王中彦，警卫连指导员兼连长奚超然，短枪队队长金瑞生，各区主要负责人：黄桥区委书记兼区长李觉，副区长凌云声，东桥区区委书记兼区长顾民，副区长杨遇春，漕东区区委书记兼区长钱茂德，阳澄区区长一度由张健负责。黄埭市委书记钱冰，王志芳任市长。

赵建平回忆录《在吴县西北地区开展革命斗争的回忆》中记载的苏州县政府成立

1945 年“苏州县东桥区东桥镇镇公所图记”印章

一九四五年的四月份，我任黄桥办事处主任。同年七月成立吴县抗日人民政府，赵建平任县长，下设黄桥、东桥、漕湖、阳澄四个区和黄埭市，共辖四十多个乡、镇，在各区建有区委、区政府、区分队。在黄桥的方浜建立联络总站，各区设立分站。交通总站站长王中彦，前任为陈祖培（后牺牲）。东桥区区长顾明，副区长杨遇春，漕东区区长钱茂德、阳澄区区长张健，黄埭市市长王志方，市委书记钱冰。黄桥区委书记由我担任，组织委员张志方，宣传委员胡阿小，民运委员朱正民，城工委员钱克，武装委员刘水根（抗日胜利后投敌叛变），区长我兼，副区长凌云声（民主人士），财粮委员唐云鹄。黄桥区共有南望、青龙、占上、张庄、颜家、邱家和蠡口镇等十一乡镇。

李觉回忆录《小苏北地区斗争》中记载的苏州县政府成立

曾任苏州县县长的赵建平（右二）与漕东区委书记兼区长钱茂德（右一）重访长青乡（现虎丘区白洋湾街道）（档案史料照片，1986 年 10 月摄）

曾任苏州县军事科科长的奚超然（夏阳）夫妇（后排）与黄桥流动浜老房东全家合影（档案史料照片，1985 年 1 月摄）

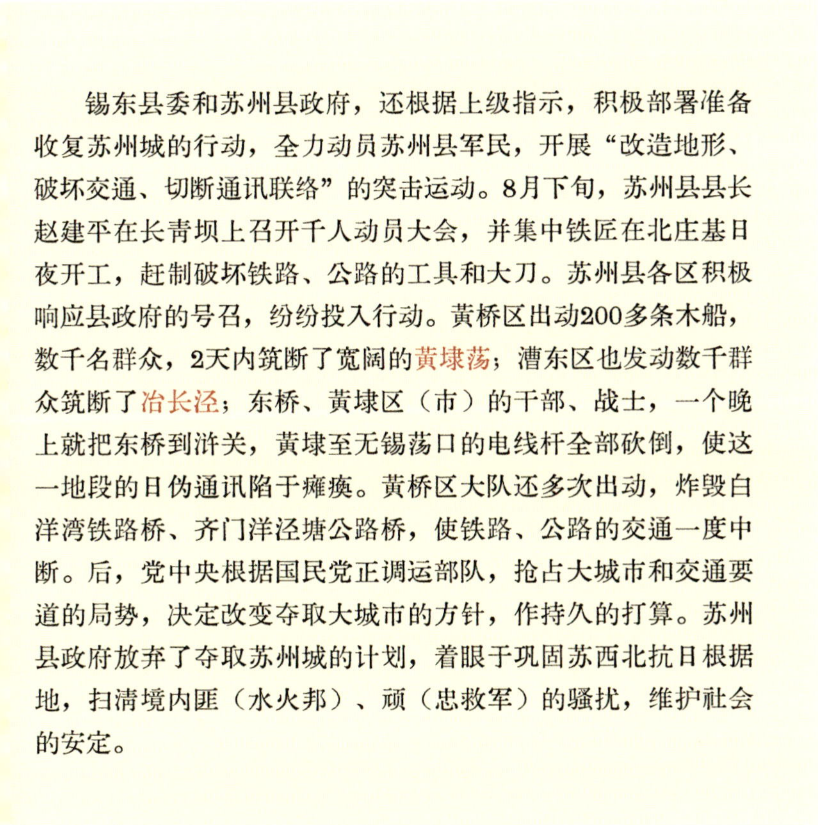
锡东县委和苏州县政府，还根据上级指示，积极部署准备收复苏州城的行动，全力动员苏州县军民，开展“改造地形、破坏交通、切断通讯联络”的突击运动。8月下旬，苏州县县长赵建平在长青坝上召开千人动员大会，并集中铁匠在北庄基日夜开工，赶制破坏铁路、公路的工具和大刀。苏州县各区积极响应县政府的号召，纷纷投入行动。黄桥区出动200多条木船，数千名群众，2天内筑断了宽阔的黄埭荡；漕东区也发动数千群众筑断了冶长泾；东桥、黄埭区（市）的干部、战士，一个晚上就把东桥到浒关，黄埭至无锡荡口的电线杆全部砍倒，使这一地段的日伪通讯陷于瘫痪。黄桥区大队还多次出动，炸毁白洋湾铁路桥、齐门洋泾塘公路桥，使铁路、公路的交通一度中断。后，党中央根据国民党正调运部队，抢占大城市和交通要道的局势，决定改变夺取大城市的方针，作持久的打算。苏州县政府放弃了夺取苏州城的计划，着眼于巩固苏西北抗日根据地，扫清境内匪（水火邦）、顽（忠救军）的骚扰，维护社会的安定。

《吴县革命斗争简史》中关于苏州县斗争事迹的记载

为保障胜利成果，苏州县组织群众筑断黄埭荡。图为黄埭荡现貌（摄于 2023 年）

为保障胜利成果，苏州县组织群众筑断冶长泾。图为冶长泾现貌（摄于 2023 年）

我们警卫连、短枪队和各区大队的数百个不脱产的游击小组结成了一支有力的抗日武装力量，多次主动出击，打死、打伤和俘虏日伪军一百多名。我们除了镇压一些反动的伪乡镇长和汉奸特务外，南茫乡的游击小组陈本大等人在虎丘用肉斧劈死日军。一九四五年夏，警卫连根据虎丘镇孙小弟的情报，得悉日寇方面派出九个身强力壮的日本鬼子，以假投降名义打入我内部，同时派出一百多个日伪军包围我驻地，妄图里应外合围歼我党政军领导机构。我们当时就将计就计把九个日军收留下来，晚上全部捆绑起来。当听到大量日寇封锁青苔河、大庄一线时，我们不但杀死了九个假投诚的日寇，同时发动群众集中船只，使敌人在水网地区无法行动，彻底粉碎了日寇的围歼计划。我们几次袭击苏常公路和运河上日伪运输物资的汽车和轮船。我们短枪队在虎丘北面配合游击小组围歼了苏常路东胡肇汉部的七个土匪。还在许义山、许广棠的帮助下，武工队陈锡昌等同志镇压了苏城中统特务陈霞石等。在北撤前夕，我警卫连在黄埭镇击退了吴县伪保安总队孙继福部数百人的进攻。我和夏阳、李觉同志亲自率领警卫连和黄桥区大队长胡阿小等，分三路进攻了陆墓镇前来抢夺抗战果实的国民党顾伟部队，由于林伯平的通敌告密，使敌人有所戒备，这次进攻未能得手，我警卫连班长苏火生同志光荣牺牲。

赵建平回忆录《在吴县西北地区开展革命斗争的回忆》中记载的苏州县斗争事迹

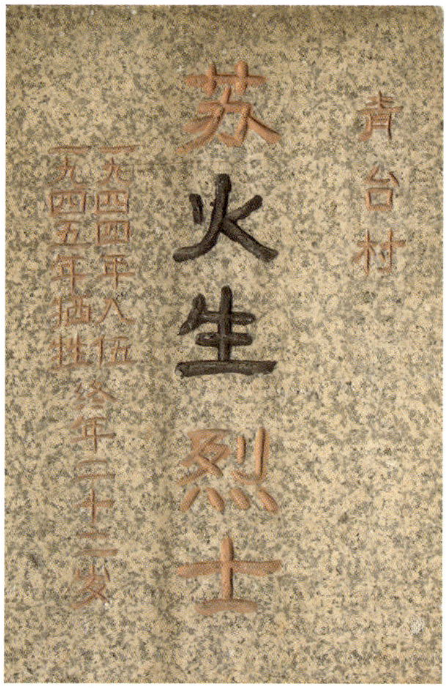

黄桥街道烈士陵园警卫连班长苏火生烈士墓碑

苏州县地下情报员朱正芳烈士（1903—1945）。1945 年因收集陆墓国民党部队情报，事泄被俘，被杀害于望亭红庙

陆慕（原名陆墓）北街（一）（任亚峰摄于 2008 年 11 月）

陆慕（原名陆墓）北街（二）（任亚峰摄于 2008 年 11 月）

江南新四军奉命北撤

1945年10月，“双十协定”签订后，江南新四军奉命北撤。留下部分干部及武装人员继续战斗。

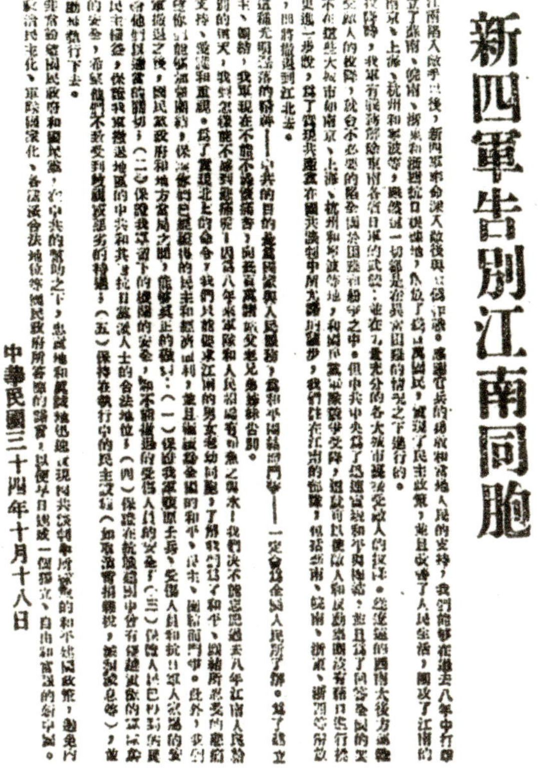

新四軍告別江南同胞
中華民國三十四年十月十八日

1945 年 10 月 18 日《新四军告别江南同胞》

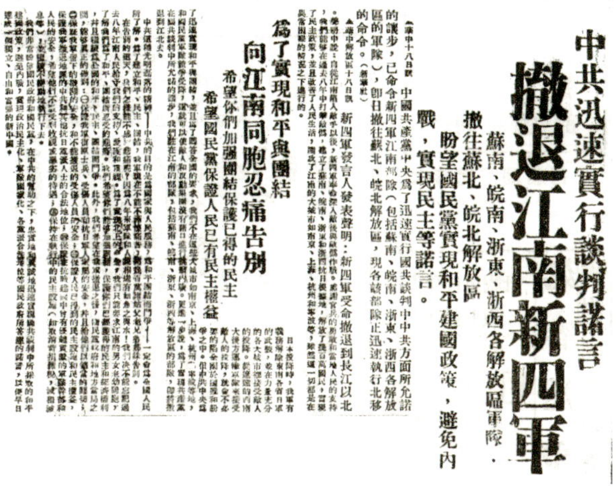

1945 年 10 月《新华日报》关于江南新四军北撤的报道（一）

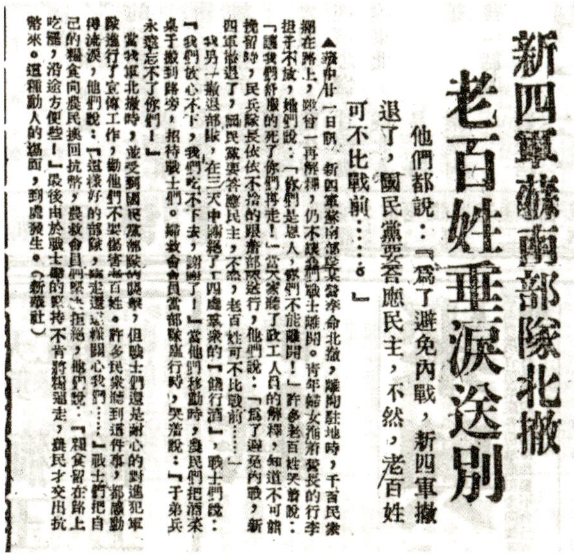

1945 年 10 月《新华日报》关于江南新四军北撤的报道（二）

六、奉令北撤和在江南办事处。

一九四五年十一月十六日中午，我突然接到密令，指定要区级或相当区级干部和区大队全部人枪，在下午三时到达无锡鸿声里、坊桥附近的鸭沙泾集中。我急忙通知区政府全体人员和区大队所有人枪，按照命令到达目的地，向锡东县委李易时报到。他问我："黄炳华来吗？"我回答："人枪全来"。约三时半召开大会，李易时在会上严肃宣布：我们奉中央令，根据《双十协定》，全体人马北撤。凡属区以上干部即刻起全部撤走，其他愿意走的一起走，不能走的可回家种田，但要保持气节，不辜负党的培养。我们区大队黄炳华不走，愿回荡口开店。李易时叫他交出全部枪枝弹药，给他一笔安家费，要他们不要做对不起人民的事。俞阿甲因家庭负担重要求留下来，李易时的意见要他走，最后同意他留家种田，北撤后他就被国民党反动派逮捕，关押在苏州司前街监狱，因重刑死在狱中。临走时，二百多人按区站队，并宣布，北撤大队长为李易时，指导员是我。

我记得第一个晚上宿营在秦家水渠，第二天晚上宿在江阴南部，第三天到达后塍休息，准备船只，确定在河漕港渡江，到第六天早上到达天生港，同前来迎接我们的江南办事处的同志胜利会师，到黄家岱江南办事处报到。

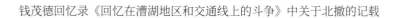

钱茂德回忆录《回忆在漕湖地区和交通线上的斗争》中关于北撤的记载

江南新四军北撤

抗战胜利后，根据国共两党《双十协定》，于一九四五年十月初江南新四军北撤，我奉令留守"小苏北"地区继续进行斗争。当时，由六人组成一个武工队，我任指导员，金瑞生任队长，王明任副队长，队员杨阿考、吴国俊和薛水度，在东桥、黄桥区活动。

李觉回忆录《小苏北地区斗争》中关于北撤的记载

江南新四军奉命北撤后留守在江南的部分人员合影。左起：周祥根、吴正光、钱志芳、王明、顾明、吕雪根、汤文伯（侯锴炜摄于 1983 年东桥敬老院）

江南新四军奉命北撤后留守在江南的部分人员合影。右二起：奚超然（夏阳）、李觉、顾明、杨阿考、周明（档案史料照片，1989 年 11 月摄）

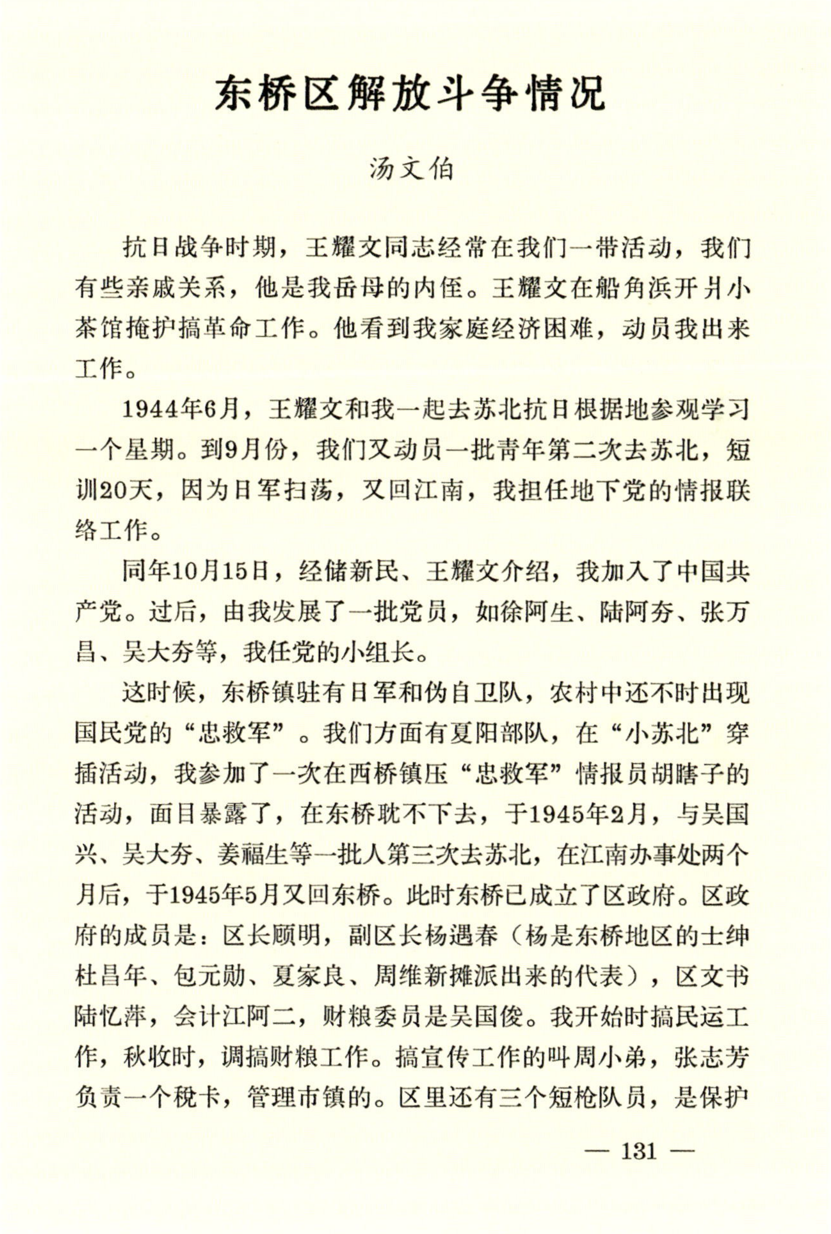

东桥区解放斗争情况

汤文伯

抗日战争时期，王耀文同志经常在我们一带活动，我们有些亲戚关系，他是我岳母的内侄。王耀文在船角浜开爿小茶馆掩护搞革命工作。他看到我家庭经济困难，动员我出来工作。

1944年6月，王耀文和我一起去苏北抗日根据地参观学习一个星期。到9月份，我们又动员一批青年第二次去苏北，短训20天，因为日军扫荡，又回江南，我担任地下党的情报联络工作。

同年10月15日，经储新民、王耀文介绍，我加入了中国共产党。过后，由我发展了一批党员，如徐阿生、陆阿夯、张万昌、吴大夯等，我任党的小组长。

这时候，东桥镇驻有日军和伪自卫队，农村中还不时出现国民党的“忠救军”。我们方面有夏阳部队，在“小苏北”穿插活动，我参加了一次在西桥镇压“忠救军”情报员胡瞎子的活动，面目暴露了，在东桥耽不下去，于1945年2月，与吴国兴、吴大夯、姜福生等一批人第三次去苏北，在江南办事处两个月后，于1945年5月又回东桥。此时东桥已成立了区政府。区政府的成员是：区长顾明，副区长杨遇春（杨是东桥地区的士绅杜昌年、包元勋、夏家良、周维新摊派出来的代表），区文书陆忆萍，会计江阿二，财粮委员是吴国俊。我开始时搞民运工作，秋收时，调搞财粮工作。搞宣传工作的叫周小弟，张志芳负责一个税卡，管理市镇的。区里还有三个短枪队员，是保护

— 131 —

汤文伯回忆录《东桥区解放斗争情况》相关内容

参加北撤的苏州县武工队长枪班战士万林宝（1922 年出生）

万林宝

参加北撤的苏州县武工队长枪班战士万祖民（1929 年出生）（1949 年摄于南京）

1949 年底，万祖民被选调为中国人民解放军空军飞行学院第一批学员（1950 年摄于长春）

一个是中弹不下火线的炮兵手　一个是机智勇

从炮火中走出来的万

红色薪火

纪念中国共产党建党90周年 特别报道

□ 商报记者 林琳/文 吕晓华/摄

相城区的东桥，住着一对亲兄弟。早在 1945 年，他们一起参加了新四军，奔赴革命前线。

哥哥万林宝经历抗日战争、莱芜战役、孟良崮战役，三次负伤，最严重的一次，弹片打进头盖骨，他还毅然回到战场，直到一周后才取出弹片。弟弟万祖民，是一位资深的通讯员，经历过淮海战役和渡江战役，多次与死神擦身而过。参军的五六年里，两人只有“一面之缘”，回忆起“劫后余生”的相逢，兄弟二人热泪盈眶。

记者近日分别走访了这对革命兄弟。他们生动的叙述，仿佛把记者带到了当年的烽火岁月里。

弹片卡进后脑　轻伤不下火线

今年 90 岁高龄的万林宝是东桥人，1945 年 3 月参加革命游击队，两个月后转入新四军三分区特务营，担任机炮排大炮班副班长，那年他 23 岁。同年 5 月，他就在南通市海安县的曲塘镇与日军交火时，不慎第一次负伤。“当时伪军有一个连，日军一个排集体围攻我们，机枪、小钢炮连番轰炸，我就是被那些炸得四散开来的弹片伤到了头部。”万林宝手指着偏右侧后脑勺的位置，负伤后，他只是简单包扎一下就继续上前线打仗，一刻未停。一周后，下了火线，到后方医院检查，才知道那弹片“幸运”地卡在头骨里，只是皮外伤，简单地手术取出来了。“医生都说，这种状况的发生概率几乎为零。我太幸运了。”

让万林宝印象最深的，还是 1947 年 2 月参加了由陈毅、粟裕、谭震林指挥华东野战军打响的莱芜战役。华东野战军仅用三天，以临沂一座空城、伤

万林宝回忆说，那场仗打得真是漂亮，他所在六纵 3 万多人，负责绕过莱芜城直插北门外 40 里左右，在南北公路的两边埋伏，防止国民党部队在北边约 40 里处的胶济铁路下来增援。其余六个兄弟纵队分别猛攻东南西三座城门。“从晚上六点开始打的，真是炮火连天，硝烟滚滚，几十里外都能听到枪炮声。”万林宝说起宏大的战争场面，很是激动，“敌人溃不成军，增援部队也被我们一举歼灭”。仅三天时间，华东野战军就歼灭了 5.6 万国民党军，收复胶济铁路西段及其两侧的县城 13 座，使鲁中、胶东、渤海解放区连成一片，改善了山东战场的作战态势。

虽然万林宝身经大小战斗至少 20 多场，但因伤未能上朝鲜战场是他心里的“痛”。他回忆说，1950 年 11 月 7 日-12 月 24 日，抗美援朝战争第二次战役爆发。作为第二批支援朝鲜的

万林宝

着队友渡江，而自己只能留在陆军 2
医院治疗，一个多月后才伤愈出院。
来上级决定将他调离主力部队，派
昆山任独立营参谋长。在部队的帮
下，他从大字不识一个自学到了大
一年级。1953 年，万林宝脱下军装，

2011 年 7 月 2 日苏州《城市商报》刊登《从炮火中走出来的万家兄弟》，记载万林宝、万祖民兄弟的事迹

的通讯员

家兄弟

杳无音信数年
弟弟登报寻哥

万林宝和万祖民两兄弟在东
的家隔得不远。83 岁的万祖民
在一栋小别墅里，三代同堂，小
子 3 月新婚，客厅里还扎着彩
贴着喜字，一派喜气。

万家兄弟四个，万林宝是长兄，
祖民是老幺，两人相差 7 岁。由于
亲早逝，家里全靠母亲在镇上开
馆营生。1945 年 3 月，原本以木匠
工为生的万林宝入了伍，几个月
，年仅 16 岁的万祖民投身革命。
家里穷，所以一个哥哥刚出生就被
掉了，而我们兄弟入伍也是想为
里减轻负担。"万祖民感叹道。

1945 年 9 月，江南新四军北
，万祖民被任命为通讯员。他记
当时所在的是七纵 63 团 2 营，
然不扛枪打仗，但当通讯员的危
性丝毫未减。

1949 年 7 月，中共中央和毛
东正式决定建立中国人民解放
空军，在全国海选新中国第一批
军飞行员，"和我一道入选的有
人，但可惜的是，因为胃病我最终
能飞上蓝天。"万祖民告诉记者，
时从全国几十万名战士中海选出
名，要求非常严格，需要是军政干
，没负过伤，18-20 岁之间的党
，身体健康，而当时已是正排级干
的万祖民完全符合，就被选上了。
魔鬼式"训练的过程中，万祖民胃

对方"凶多吉少"。"我曾经还向科
长打探过大哥的消息，但没有回
应，后来就索性在报上刊登寻人启
事了。"直到 1949 年 6 月，人民解
放军百万大军横渡长江后，哥哥万
林宝所在部队抵达南京，看到了寻
人启事，给弟弟回了信，兄弟两人
这才互知对方依然还在人世。惊喜
万分的万祖民，收到信的当日便赶
去哥哥所在部队驻扎的南京板桥
镇探望，一路飞骑 40 里路，只用了
3 小时。"真顾不上歇息，就这么一
口气，冲到了板桥镇。"万祖民回忆
起五年后的重逢热泪盈眶，他说哥
哥见到自己时完全愣住了，自己穿
着军装，人高马大，和哥俩分别前
截然不同了，一下子哥哥还真认不
出自己。两人相拥而泣，许久许久。

万祖民获得的抗战胜利 60 周年纪念章

万祖民获得的抗战胜利 70 周年纪念章

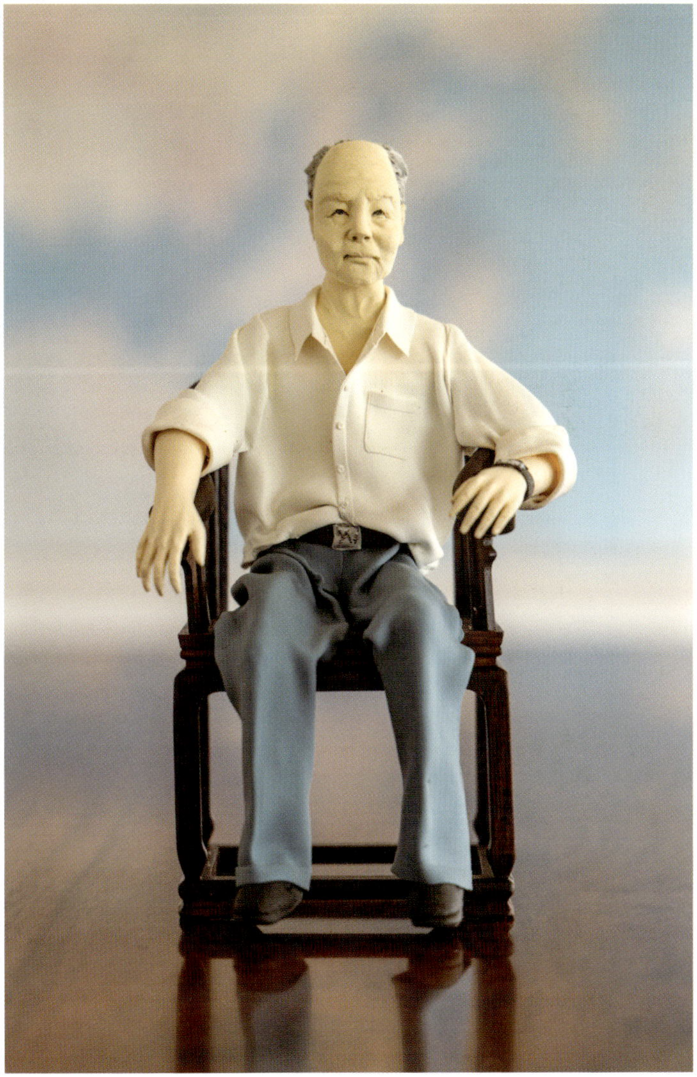

2015 年相城区委、区政府赠送给万祖民的塑像
（摄于 2024 年）

根据党中央和毛主席的指示，坚持江南斗争的方针是隐蔽精干，积蓄力量，等待时机，迎接反攻。坚持斗争的任务要求，把新四军的红旗插在国民党的心脏地区，鼓舞群众情绪，牵制敌人力量，配合全国解放战争。具体工作主要是领导群众进行反抽丁、拉丁和反苛捐杂税等斗争，镇压特务和其他反共分子，保护群众利益，争取团结进步人士和敌军等工作。

当时党组织分甲乙两种，脱产半脱产的公开身份的为甲种党，属武工队系统领导，不脱产的、隐蔽的或者有职业掩护的是乙种党，属秘党系统领导。秘党系统，县设特派员，区乡设联络员，均为单线联系，不发生横的关系。苏西北秘党领导人，开始是黄桥区委干部钱克同志，隐蔽在虎丘东北部下落不明，后查明被破坏分子暗杀。又派锡东梅北区委书记章尧卿以缝工为掩护，立足张家角，因经不起斗争的考验，擅离职守，返锡东后向敌自首。后来由钱茂德一度立足虎丘，领导过黄桥区的秘党工作。一九四七年下半年至一九四八年上半年派县特派员惠伟民负责联系。东桥区的秘党工作由政治交通王阿土负责联系。北撤后的斗争十分尖锐复杂。我们数十名短枪队员牵制着几万敌军，斗争极为艰苦。

赵建平回忆录《在吴县西北地区开展革命斗争的回忆》中关于北撤后的记载

武工队员钱志良（左）与顾老根合影

（档案史料照片，1948 年摄）

1946 年 12 月至 1948 年 6 月任中共苏锡县特派员的韦惠民（段金平）

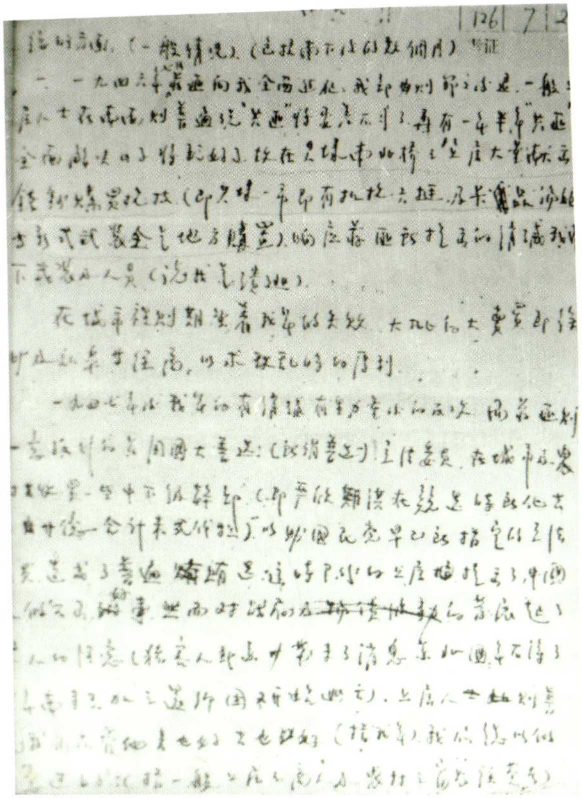

苏锡县特派员段金平的汇报（1946 年）（档案史料照片）

段金平（右）与曾任苏西县委书记、太湖游击队司令员的薛永辉合影（档案史料照片，1989 年 11 月摄）

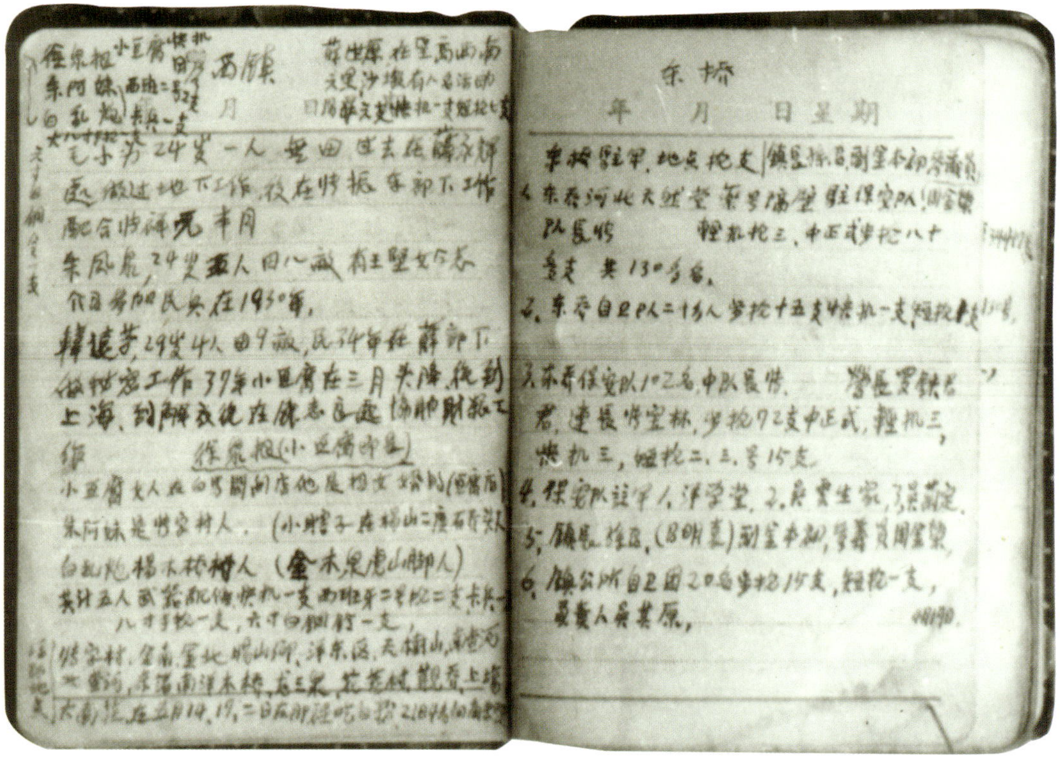

1949 年 2 月至 4 月任东桥区工委书记的钱志芳在其笔记本中记载的 1949 年东桥地区情况
（档案史料照片）

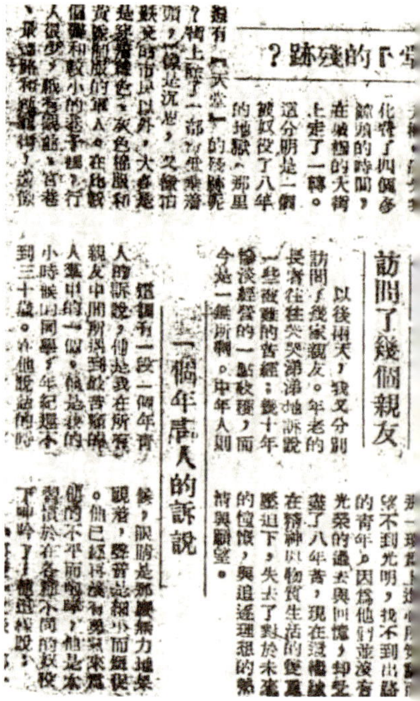
訪問了幾個親友

一個年青人的訴說

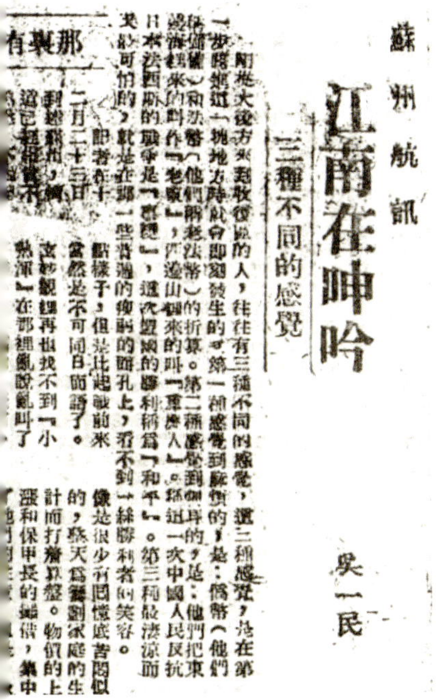

蘇州航訊

江南在呻吟

——三種不同的感覺

吳一民

1946年2月《新华日报》刊登《江南在呻吟》，记载苏州人民苦难生活

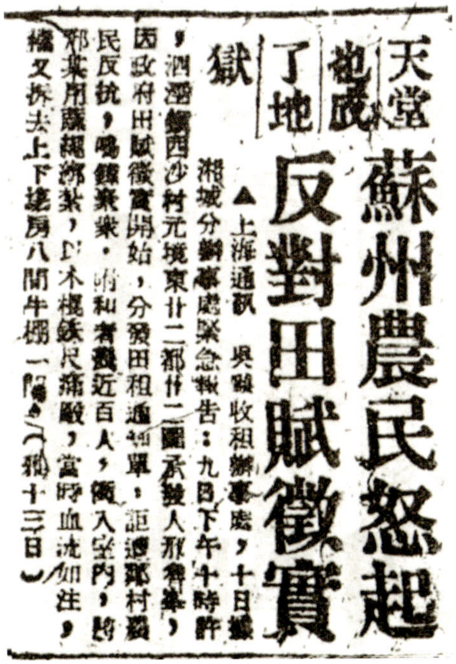

天堂變成了地獄

蘇州農民怒起反對田賦徵實

▲上海通訊 吳縣收租辦事處，十日據湘城分辦事處緊急報告：九日下午十時許，泗涇鄉西沙村元境東廿二都廿二圖承發人邢齊峯，因政府田賦徵實開始，分發田租通知單，詎遭鄉村農民反抗，鳴鑼聚衆，附和者達近百人，衝入室內，將邢某用繩綁紮，以木棍鐵尺痛毆，當時血流如注，繼又拆去上下樓房八間牛棚一間。（十三日）

1946年11月《新华日报》刊登《苏州农民怒起反对田赋征实》，记载湘城镇泗泾村近百位农民奋起抗争

橹板头两头扁

橹板头两头扁，

停船吃铜钿，

“牛皮”[1]一大叠，

买勿到一斤盐。

注：①“牛皮”：指国民党政府发行的货币。

一担米钿变七斗

“牛皮钞票”挣到手，

物价上涨像风吼，

东街西街走一走，

一担米钿变七斗。

阳澄湖地区群众传唱当年物价暴涨的歌谣

周恩来同志营救李觉、杨阿考

1946 年 1 月，苏州县黄桥区委书记、区长李觉，武工队队长金瑞生及队员杨阿考为追杀叛徒，在虎丘北麓梅林庙与国民党保安队激战，金瑞生英勇牺牲，李觉、杨阿考被俘。周恩来同志获悉后，亲自致信国民党当局，营救李觉、杨阿考等被俘同志。

梅林庙战斗遗址（档案史料照片，1980 年代摄）

……我在未判决前，已在狱中用毛笔在十五公分见方的拷贝纸上写了二千字左右的密信，趁我爱人宿惠芬探监时，绕在送食物进来的网线袋拎攀里头，然后再用线绕没，嘱爱人到梅园新村（国府路30号）去向周恩来同志汇报。信的内容是：1、揭露敌人释放政治犯是假，分散迫害是眞的阴谋；2、介绍吴县地方法院看守所被关押的人数和几个主要同志如陈子谷、郑重、滕小良、杨阿考的情况；3、说明我的身份和我在一九三九年三月新四军教导队学习时，曾听过周恩来同志报告的事。这封信写的时间，大约是一九四六年五、六月份，因我爱人去梅园新村时，看到站岗的是国民党军队，未敢入内，信未送到，因此于八月十三日判刑后的第二天我又写了第二封密信，用上次一样的方法给我爱人后，嘱她将第一封信一起送南京梅园新村周恩来同志。我爱人宿惠芬怀抱二岁的女儿安珍到梅园新村后，不顾哨岗的阻拦，走了进去，一位姓李的女同志热情地接待了她，泡了一碗茶，问她有什么事？我爱人把三十多个麦饼拿了出来，连破五个，才从麦饼中拿出了信件。女同志看后叫她稍等一会，进去片刻就有一位身材高大、两条浓眉的首长接见，要我爱人回苏办三件事：1、告诉大家要坚持斗争；2、要我向高等法院上诉，不服地方法院判决；3、请律师申辩。同时热情地握着我爱人的手说："你放心，我们一定想办法营救你的爱人和其他同志。"当时我爱人不认识周副主席，直到解放后，她才知道接见她的是周总理。

李觉回忆录《周恩来营救我们的情况回忆》记载了周恩来同志组织营救的经过

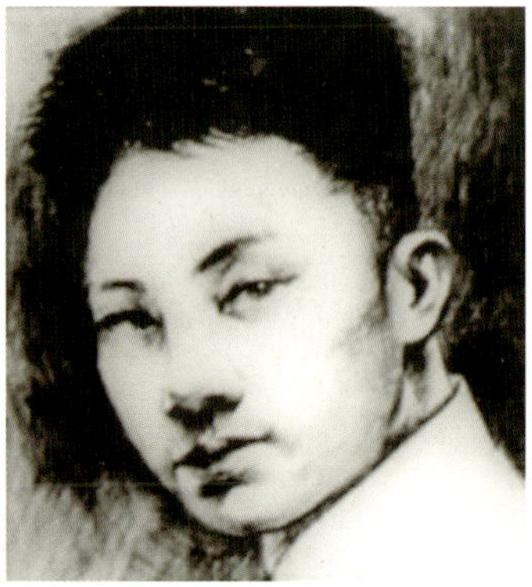

苏州县武工队队长金瑞生烈士
（1913—1946）

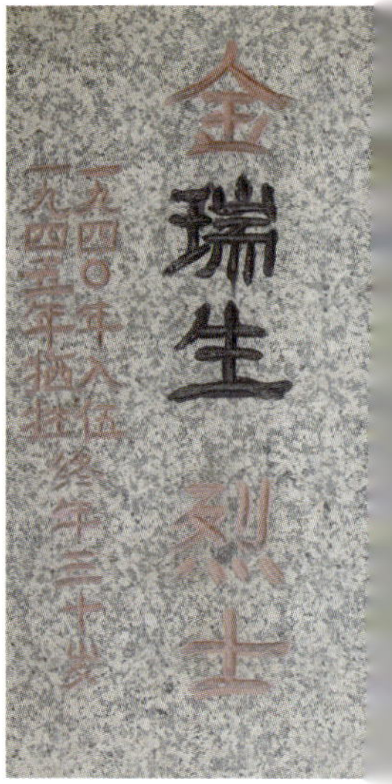

黄桥烈士陵园及金瑞生烈士墓碑（摄于 2024 年）

血染梅林庙暨金瑞生烈士牺牲旧址纪念碑（摄于 2023 年）

金瑞生烈士纪念广场（摄于 2023 年）

曾任苏州县黄桥区委书记、区长的李觉（右）与武工队队员杨阿考祭扫金瑞生烈士墓（档案史料照片，1985 年 1 月摄）

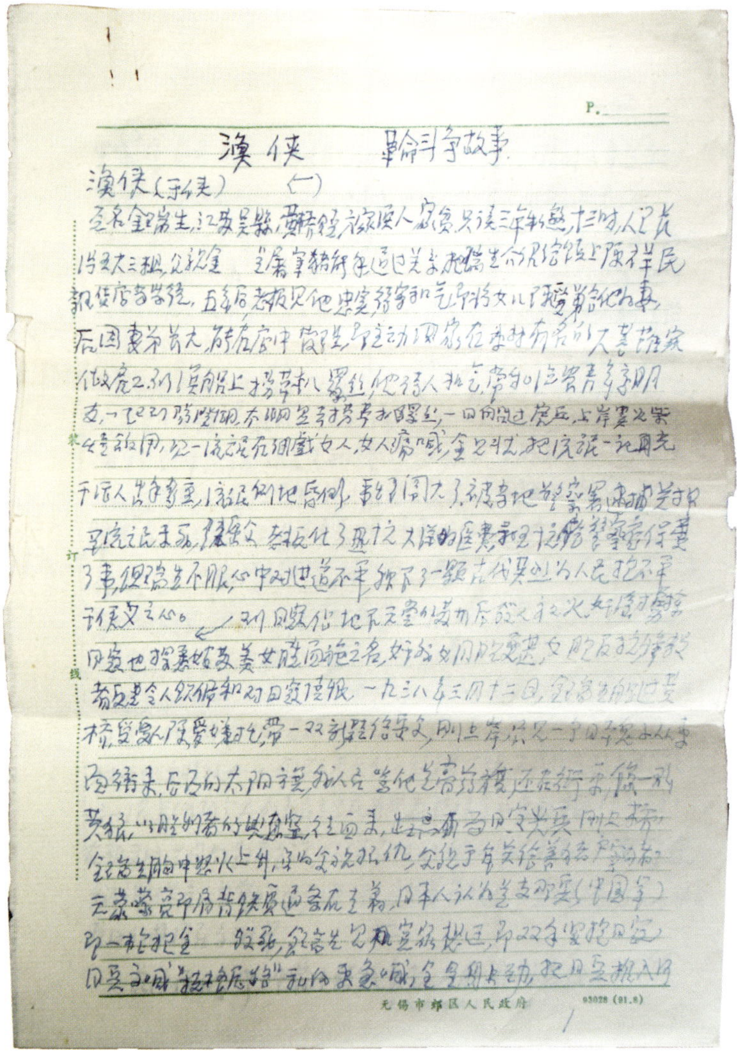

渔侠 革命斗争故事

渔侠（小侠） （一）

无锡市郊区人民政府

1

李觉晚年撰写的金瑞生传记《渔侠》（1996 年）

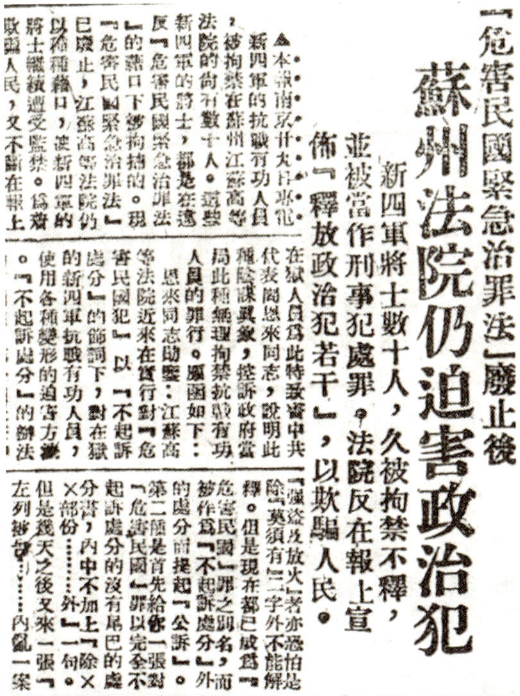

「危害民國緊急治罪法」廢止後

蘇州法院仍迫害政治犯

新四軍將士數十人，久被拘禁不釋，並被當作刑事犯處罪，法院反在報上宣佈「釋放政治犯若干」，以欺騙人民。

▲本報南京廿九日專電　新四軍的抗戰有功人員，被拘禁在蘇州江蘇高等法院的尚有數十人。這些新四軍的將士，都是在違反『危害民國緊急治罪法』的藉口下被拘捕的。現『危害民國緊急治罪法』已廢止，江蘇高等法院仍以種種藉口，使新四軍的將士繼續遭受監禁。偽齊欺騙人民，又不斷在報上

在獄人員爲此特致書中共代表周恩來同志，說明此種陰謀真象，控訴政府當局此種無理拘禁抗戰有功人員的罪行。原函如下：

恩來同志勛鑒：江蘇高等法院近來在實行對『危害民國犯』以『不起訴處分』的飾詞下，對在獄的新四軍抗戰有功人員，使用各種變形的迫害方法。『不起訴處分』的辦法

『强盜及放火』者亦恐怕是除『莫須有』三字外不能解釋。但是現在都已成爲『危害民國』罪之別名，而被作爲『不起訴處分』外的處分而提起『公訴』。第二種是首先給你一張對『危害民國』罪以完全不起訴處分的沒有尾巴的處分書，內中不加上『除××部份……外』一句。但是幾天之後又來一張『左列被告……內亂一案

1946 年 5 月《新华日报》关于周恩来同志营救被国民党当局关押在苏州监狱的政治犯的报道

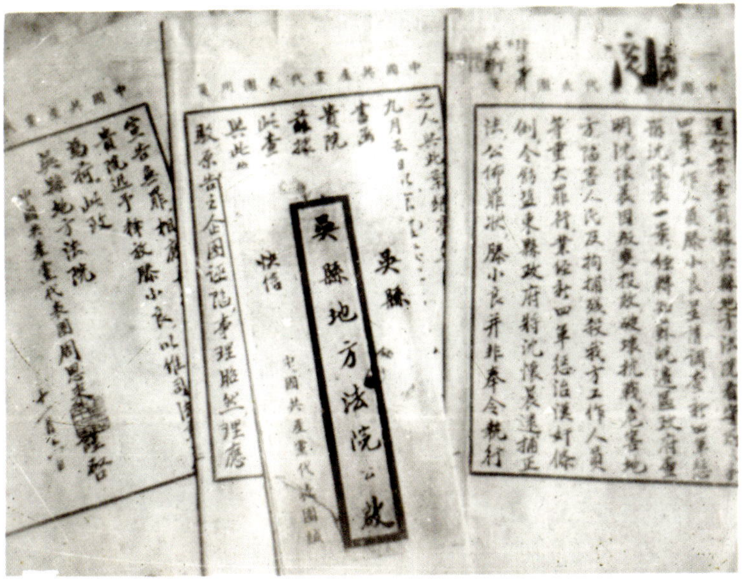

1946 年周恩来同志为营救李觉等人给吴县地方法院的信件

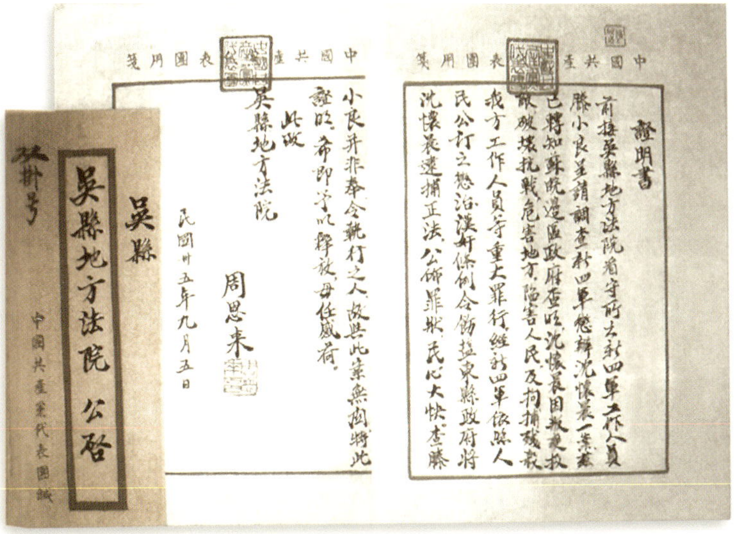

中國共產黨代表團用箋

證明書

前據吳縣地方法院看守所之新四軍工作人員滕小良呈請調查新四軍總隊沈懷表一案，茲已將知蘇皖邊區政府查明，沈懷表因叛變投敵，破壞抗戰，危害地方，陷害人民，及拘捕殘殺我方工作人員等重大罪行，經新四軍依照人民公訂之懲治漢奸條例，令飭盐東縣政府將沈懷表逮捕正法，公佈罪狀，民心大快。查滕小良并非奉令執行之人，故與此案無關，特此證明，希即予以釋放，毋任感荷。此致

吳縣地方法院

周恩來

民國卅五年九月五日

吳縣

吳縣地方法院 公啟

中國共產黨代表團緘

1946 年周恩来同志为营救滕小良给吴县地方法院的信件

迎接解放

1949 年初，黄埭青年自发加入共产党领导的地下青年团，配合共产党领导的地下武装，追缴了黄埭伪保安团的武器。4 月 26 日，黄桥占上村村民架设浮桥，协助中国人民解放军二十九军八十五师二五三团渡过西塘河，解放苏州。

1949 年苏州解放（档案史料照片，1949 年摄）

曾任苏西县委书记、太湖游击队司令员的薛永辉（前排右五）与部分地下青年团员合影（档案史料照片，1989 年 5 月摄）

3、组建地下新青团，壮大革命力量。1949年2月，我们在苏州城区，建立了地下新青团，团结进步青年。他们在渡江前，发展很快，有一百几十人。

薛永辉回忆录《留守太湖坚持斗争迎接解放》中关于地下青年团的记载

黄埭地下青年团部分成员与苏州群团合影（档案史料照片，2002 年摄）

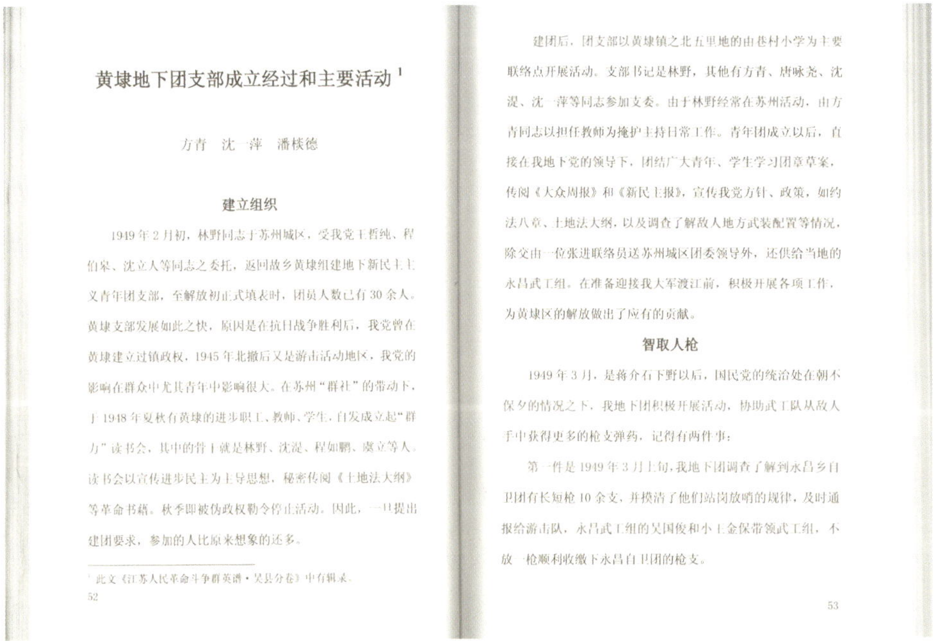

黄埭地下团支部成立经过和主要活动[1]

方青　沈一萍　潘楼德

建立组织

1949年2月初，林野同志于苏州城区，受我党王哲纯、程伯皋、沈立人等同志之委托，返回故乡黄埭组建地下新民主主义青年团支部，至解放初正式填表时，团员人数已有30余人。黄埭支部发展如此之快，原因是在抗日战争胜利后，我党曾在黄埭建立过镇政权，1945年北撤后又是游击活动地区，我党的影响在群众中尤其青年中影响很大。在苏州"群社"的带动下，于1948年夏秋有黄埭的进步职工、教师、学生，自发成立起"群力"读书会，其中的骨干就是林野、沈湜、程如鹏、虞立等人。读书会以宣传进步民主为主导思想，秘密传阅《土地法大纲》等革命书籍。秋季即被伪政权勒令停止活动。因此，一旦提出建团要求，参加的人比原来想象的还多。

[1] 此文《江苏人民革命斗争群英谱·吴县分卷》中有辑录。

52

建团后，团支部以黄埭镇之北五里地的由巷村小学为主要联络点开展活动。支部书记是林野，其他有方青、唐咏尧、沈湜、沈一萍等同志参加支委。由于林野经常在苏州活动，由方青同志以担任教师为掩护主持日常工作。青年团成立以后，直接在我地下党的领导下，团结广大青年、学生学习团章草案，传阅《大众周报》和《新民主报》，宣传我党方针、政策，如约法八章、土地法大纲，以及调查了解敌人地方武装配置等情况，除交由一位张进联络员送苏州城区团委领导外，还供给当地的永昌武工组。在准备迎接我大军渡江前，积极开展各项工作，为黄埭区的解放做出了应有的贡献。

智取人枪

1949年3月，是蒋介石下野以后，国民党的统治处在朝不保夕的情况之下，我地下团积极开展活动，协助武工队从敌人手中获得更多的枪支弹药，记得有两件事：

第一件是1949年3月上旬，我地下团调查了解到永昌乡自卫团有长短枪10余支，并摸清了他们站岗放哨的规律，及时通报给游击队，永昌武工组的吴国俊和小王金保带领武工组，不放一枪顺利收缴下永昌自卫团的枪支。

53

黄埭地下青年团部分成员的回忆录

在苏州城西北坚持斗争的苏锡县党组织领导的永昌武工组于1949年4月25日下午出动40多人的突击队奔袭黄埭镇，进驻阅报社，在黄埭地下"新青团"的配合下，一举收缴黄埭镇自卫团枪支120余支。与此同时，苏西北亭太、东桥、黄桥、漕湖、蠡口等地武工组和地下工作人员纷纷出击，公开活动，在西迄望亭、浒关，东及蠡口、渭塘，北至漕湖，南达虎丘铁路以北的广大地区纵横驰骋，迅速扩建了一个人枪达一二百的"路北连"，连长张永定，指导员黎欣。

郁振国《吴县解放纪实》中记载的黄埭地下青年团的事迹

苏州县地下交通员吾金梅烈士（1914—1949）。1949年2月吾金梅收缴五澳泾、徐庄敌自卫队武器，一周后因藏枪泄露被捕，牺牲于徐庄

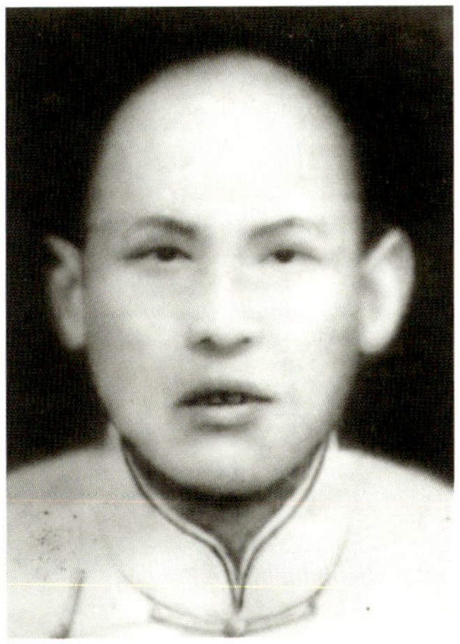

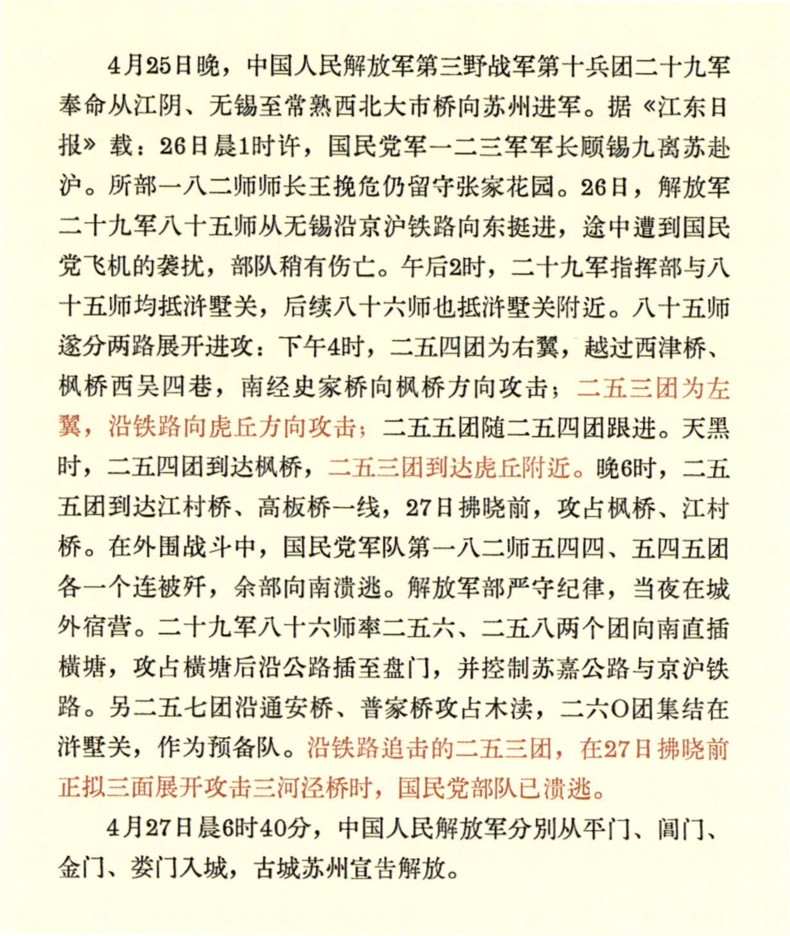
4月25日晚，中国人民解放军第三野战军第十兵团二十九军奉命从江阴、无锡至常熟西北大市桥向苏州进军。据《江东日报》载：26日晨1时许，国民党军一二三军军长顾锡九离苏赴沪。所部一八二师师长王挽危仍留守张家花园。26日，解放军二十九军八十五师从无锡沿京沪铁路向东挺进，途中遭到国民党飞机的袭扰，部队稍有伤亡。午后2时，二十九军指挥部与八十五师均抵浒墅关，后续八十六师也抵浒墅关附近。八十五师遂分两路展开进攻：下午4时，二五四团为右翼，越过西津桥、枫桥西吴四巷，南经史家桥向枫桥方向攻击；二五三团为左翼，沿铁路向虎丘方向攻击；二五五团随二五四团跟进。天黑时，二五四团到达枫桥，二五三团到达虎丘附近。晚6时，二五五团到达江村桥、高板桥一线，27日拂晓前，攻占枫桥、江村桥。在外围战斗中，国民党军队第一八二师五四四、五四五团各一个连被歼，余部向南溃逃。解放军部严守纪律，当夜在城外宿营。二十九军八十六师率二五六、二五八两个团向南直插横塘，攻占横塘后沿公路插至盘门，并控制苏嘉公路与京沪铁路。另二五七团沿通安桥、普家桥攻占木渎，二六O团集结在浒墅关，作为预备队。沿铁路追击的二五三团，在27日拂晓前正拟三面展开攻击三河泾桥时，国民党部队已溃逃。

4月27日晨6时40分，中国人民解放军分别从平门、阊门、金门、娄门入城，古城苏州宣告解放。

《苏州市志》中记载的二五三团军事行动

二十九军八十五师二五三团横渡的西塘河旧址现貌（任亚峰摄于 2019 年 8 月）

二十九军八十五师二五三团领导合影
（档案史料照片，1949 年摄）

二十九军八十五师二五三团副团长赵伯英
（档案史料照片，1949 年摄）

二五三团沿铁路向虎丘方向攻击，至浒关南王花泾桥时，发现该桥已被敌炸毁，部队顿时受阻。桥下河道西宽东窄，河对面右前方有一独立家屋，连同房后的高地均被敌占领。敌以火力封锁河道，遏制我军行动。拂晓前，团以三营从正面和左侧，一营一连于右侧迂回，同时涉水对敌发起总攻，但敌已溃逃，部队就紧紧追击，沿铁路直达火车站。

郁振国《吴县解放纪实》中记载的二五三团军事行动

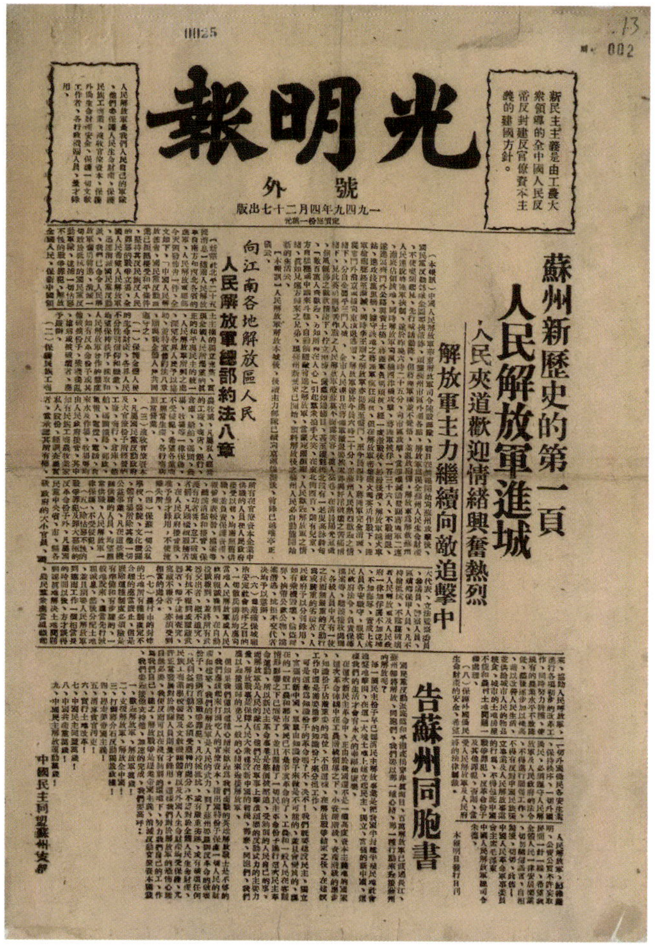

光明報

號外

一九四九年四月二十七日出版

新民主主義是由工農大衆領導的全國人民反帝反封建反官僚資本主義的建國方針。

蘇州新歷史的第一頁

人民解放軍進城

人民夾道歡迎情緒興奮熱烈

解放軍主力繼續向敵追擊中

向江南各地解放區人民

人民解放軍總部約法八章

告蘇州同胞書

中國民主同盟蘇州支部

1949 年 4 月 27 日《光明报》号外

中共吴县县委书记俞臻
（档案史料照片，1950 年摄）

吴县人民政府县长傅宗华（右）与公安局长罗汉
（档案史料照片，1950 年摄）

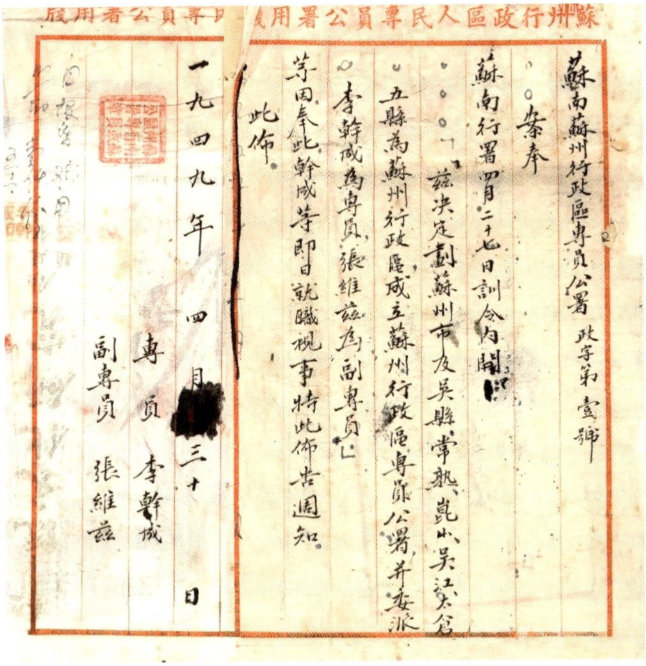

蘇州行政區人民專員公署用箋

蘇南蘇州行政區專員公署 政字第壹號

布告

蘇南行署四月二十七日訓令內開：

茲決定劃蘇州市及吳縣、常熟、崑山、吳江、太倉五縣為蘇州行政區，成立蘇州行政區專員公署，并委派李幹成為專員，張維茲為副專員。

等因，奉此，幹成等即日就職視事，特此佈告週知。

此佈

一九四九年四月三十日

專員 李幹成

副專員 張維茲

1949 年 4 月 30 日苏南苏州行政区专员公署成立布告

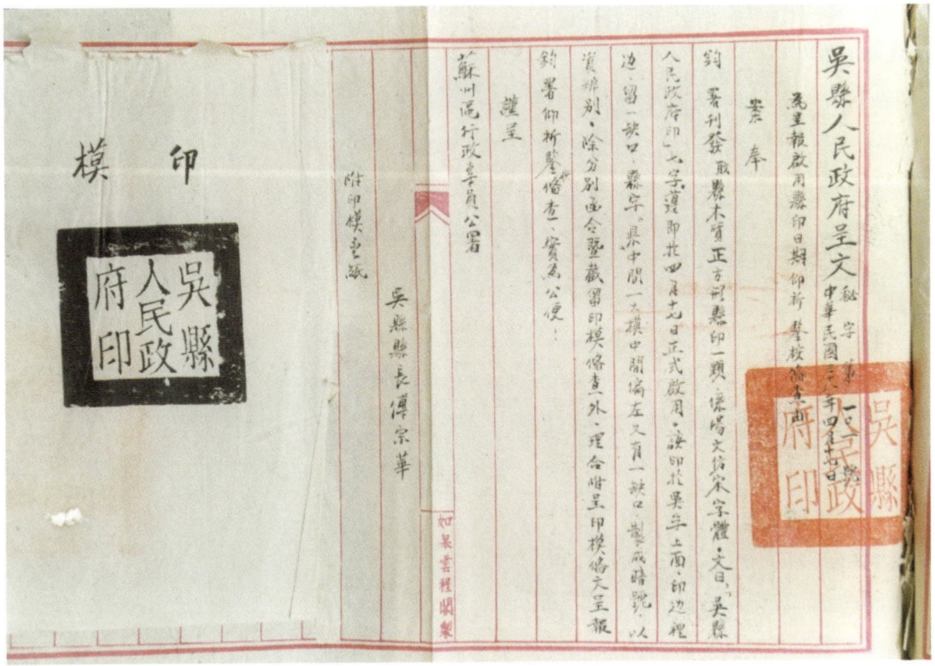

吳縣人民政府呈文 秘字第一號 中華民國三十八年四月三十日

為呈報啟用縣印日期仰祈鑒核備查由

案奉

鈞署刊發吳縣木質正方形縣印一顆，文曰"吳縣人民政府印"六字，遵即於四月廿七日正式啟用。該印於吳字上面印邊裡邊留一缺口，縣字中間一大橫中間偏左又有一缺口，以資辨別，除分別函令暨截留印模備查外，理合附呈印模備文呈報鈞署仰祈鑒核備查，實為公便。

謹呈

蘇州區行政專員公署

附印模乙紙

吳縣縣長 傅宗華

印模

吳縣人民政府印

1949 年吴县人民政府印模

相城区革命斗争大事记略

1919 五四运动爆发，5 月 18 日苏州学生联合会成立，省立第一师范学校学生沈炳魁任首任会长。

1929 吴县县立乡村师范（以下简称“黄埭乡师”）在黄埭成立，沈炳魁任首任校长，提出“爱国、育智、树人”校训。

1931 九一八事变后，相城地区人民掀起了轰轰烈烈的抗日救亡运动。

9 月 24 日，黄埭乡师 50 名师生到苏州城区宣传抗日。

12 月 15—18 日，苏州学生第二次赴南京请愿，黄埭乡师吴敦仁、潘禧芬等 30 余名学生加入队伍。

1936 中国军人构建吴福国防线。

12 月，黄埭乡师周建平、朱介美、朱觉、李国军等 4 名学生冒险到江苏高等法院看守所看望被关押的沈钧儒等“七君子”。

1937 卢沟桥事变爆发。相城地区各界民众纷纷集会游行，声讨日军侵华罪行，公演《放下你的鞭子》《民族之光》等抗敌短剧。黄埭乡师王兆元、周建平等 18 名学生在苏州护龙街游行，高唱着《义勇军进行曲》，高喊口号，并到青旸地日租界游行示威。

淞沪会战爆发，黄埭成立吴县抗敌后援会黄埭分会和战地服务团，黄埭乡师学生吴明、府镇廷等青年自愿到苏州参加救护队。

11 月，苏州沦陷后，吴江进步青年陈味芝投奔洄泾乡东港村，发起组织阳澄湖抗日游击队，翌年发展为 300 余人枪的抗日武装，后被胡肇汉杀害。

1938 春，黄埭乡师师生创办《导报》和《火把》两种油印刊物，积极宣传抗日，鼓舞人民抗日斗志。

秋，中共江苏省委、上海党组织派陆步青、钱冰、翁迪民等人到相城地区开展革命活动。

1939 3 月，中共江苏省委派梁瑾瑜到渭塘等地开展活动，开办农民夜校、组织“农抗会”“青抗会”“妇抗会”等抗日群众团体发展党员。

5 月，中共沈巷交通站支部在渭塘成立，吕文忠任书记，许阿根任组织委员，周明任宣传委员。直属东路特委领导，成为吴县第一个农村党支部。

5 月，中共江苏省委派洛斐进入北桥地区，在杨忠部队开展工作。

5 月 5 日，叶飞率新四军六团以“江南抗日义勇军”（简称“江抗”）名义东进江南，掀起了中国共产党领导的、阳澄湖地区武装抗日斗争的第一个高潮。

5 月中旬，新四军六团副团长吴焜率一营和三营挺进太平桥，与共产党领导的常熟“民抗”、新六梯团、苏北抗日义勇军在阳澄湖畔胜利会师。

5 月 15 日，新四军六团三营与胡肇汉部联合攻打斜塘伪军据点。

6 月 1 日，为保障“江抗”部队顺利东进，由东路特委组织部部长张英指挥，中共沈巷交通站支部组织，发动民众千余人，深夜捣毁苏常公路 10 余公里，焚毁桥梁 7 座，史称“千人破路”。

6 月 24 日夜，“江抗”部队进行了著名的夜袭浒墅关火车站战斗。前期派东路特委军事部长（“江抗”总指挥部作战参谋）周达明和战地服务团“江抗”女战士浒关人李关玉到东桥镇进行侦查，并在东桥镇马沙桥附近选定战斗指挥部，24 日夜，叶飞团长亲自坐镇东桥指挥全面战斗。包厚昌率三路三连攻打黄埭伪军据点。

6 月中旬，翁迪民因策反胡肇汉部一个中队未果，被胡肇汉关押在洋沟溇村王蕴石家。陆佩娟获悉后，报告“江抗”部队，叶飞派周醒民救出翁迪民。

6 月底至 7 月初，叶飞率领“江抗”部队进驻太平殷家浜村，与地方武装胡肇汉谈判，将胡部收编为“江抗”四路独立第一支队，周达明任副支队长，掌握部队指挥权。

6 月底至 7 月初，东路特委及《江南》杂志编辑部随“江抗”部队移驻阳澄湖畔太平桥镇。

7 月至 8 月，“江抗”部队以阳澄湖畔消泾、陆巷、常熟东塘市等地作为根据地，继续分兵东进，经太仓到青浦与顾复生部队会合，并袭击虹桥机场。随后，叶飞团长亲自率部到达青浦。8 月下旬，部队返回阳澄湖地区。由此，“江抗”部队由出发时 1000 多人扩充至 5000 人。

8 月，中共江苏省委、上海党组织派遣大量人员赴阳澄湖地区，在东路特委的统一领导下，开展了轰轰烈烈的民运工作。

9 月初，中共苏州县工作委员会在太平成立，是抗日战争时期吴县第一个县级党组织。中共苏州县（工）委交通联络站、“江抗”驻消泾办事处在沈菊英、陆义家成立。

9 月 7 日，“江抗”西撤，留下不能行动的伤病员在阳澄湖周边农村养伤。

9 月底，在顾山战斗中受伤的“江抗”10 多名伤员被送回阳澄湖边，总共 36 名伤病员，受到了当地百姓的精心照顾和保护。

10 月下旬，“江抗”三路政治部主任杨浩庐、中共东路特委军事部长周达明奉命返回东路，与中共东路特委、常熟县、苏州县负责人在常熟东塘市会面，传达了中共中央东南局和新四军军部的指示，决定重建“江抗”武装。

11 月 6 日，江南抗日义勇军东路司令部（简称新“江抗”）在常熟县东塘市成立，夏光任司令，杨浩庐任副司令兼政治处主任。

此后司令部一度设于强芙村、十善村一带，日伪视这一带为畏途，时称“小红区”。

1940

2月6日晚，新“江抗”奔袭东塘市八字桥，伏击日伪汽艇。7日晚移驻洋沟溇村，2月8日（大年初一）上午10时许，日军偷袭洋沟溇村。战斗持续至傍晚，击毙日伪军20余人，我方17人英勇牺牲，史称“血战洋沟溇”。

3月，何克希、陈挺返回东路。

4月，谭震林率50多位骨干到达东路。

4月25日，中共东路军政委员会成立，谭震林任书记，统一指挥东路党、政、军。

5月，阳澄湖地区掀起了“红五月”活动，大张旗鼓地宣传中共的抗战主张，组织发动群众。湘城“青抗会”会长张晨曦牺牲。

8月，消陆区地下交通员沈菊英被胡肇汉杀害。

9月12日，为追剿胡肇汉反动武装，夏光率领两个连奔袭胡部300多人驻扎的宿营地殷家浜，战斗从下午三点半一直打到六点半，歼灭40人，其中胡部参谋长、一名副大队长被击毙，“江抗”部队阵亡战士14人。

至11月，新“江抗”成立一周年，部队扩充到3000多人枪。

12月13日下午，日伪军突然袭击张家浜新“江抗”驻地，战斗持续至傍晚，击毙日伪军数十人，我方19人英勇牺牲。

1941

1月25日，皖南事变后，新四军重建。

2月7日，洋澄县抗日民主政府成立，县长陈鹤，下设3个区。

2月10日，陈鹤发表《洋澄县抗日民主政府宣言》。

2月，中共漕东区委、区政府成立，洛斐任区长。

3月，阳澄湖地区抗日武装改编为新四军六师十八旅，江渭清任十八旅旅长。

3月9日，新“江抗”一纵队（不久编为新四军六师十八旅五十三团）第一支队，奉命进入阳澄湖地区，伺机歼灭胡肇汉残部，夜宿渡船头村。次日遭遇日伪军偷袭，战斗持续4个小时，傍晚日伪军被击退。击毙日伪军40余名，我方19人英勇牺牲。

4月1日，陈鹤在车渡村毛家浜开展群众工作，突遭日伪军偷袭，陈鹤、陆义等13人被捕。

4月，地方武装杨忠部队偷袭漕东区驻地北桥王家庄，洛斐、江影等被俘，羁押转移至蠡口灵前村被害。

6月，陈鹤被胡肇汉杀害于渭塘渭东村肖家浜西岸。

7 月，阳澄湖地区人民与新四军一起开展艰苦卓绝的反“清乡”斗争。

1941 年，陈鹤、梁瑾瑜、洛斐、江影、吕文忠、许阿根、尤成美、俞阿甲、陆义、王明星、朱凡等烈士先后英勇牺牲。

1942 3 月，中共锡东县委书记陈佩三（化名陈源、陈锦昌）以立泰商号股东和奚泾浜小学校长的双重身份隐蔽在东桥，宣传部部长赵建平以教书为业隐蔽在黄桥神仙庄，坚持地下斗争。

5 月，包厚昌率部二下江南，赵建平与连长钱青等转移至虎丘北麓鱼池弄。包厚昌称鱼池弄地区为“小苏北”。

1944 4 月，为追剿反动地方武装头目胡肇汉，武工队长奚超然（夏阳）率领 11 名短枪班战士夜宿蠡口张家桥医生奚绳祖家。因消息走漏，第二天上午被胡部近百人包围，发生蠡口积灵桥战斗，班长孙根效牺牲。

1945 7 月，苏州县政府在黄桥方浜村成立，赵建平任县长，下设 5 个区。

7 月，苏州县黄桥区委书记、区长李觉带领黄桥区大队，在蠡口苏常公路伏击伪保安大队，俘虏中队长等 7 人，缴获短枪 7 支。

8 月，黄桥区发动数千群众阻断黄埭荡，漕东区发动数千群众筑断冶长泾，以防止国民党抢占胜利果实。

9 月，苏州县长赵建平率队分三路进攻陆墓国民党顾伟部队，未克，警卫班班长苏火生牺牲。

10 月，江南新四军奉命北撤，留下部分干部和战士继续斗争。

11 月，李觉与武工队长金瑞生、队员杨阿考等人为追杀叛徒，在虎丘梅林庙与国民党保安队激战，金瑞生牺牲，李觉、杨阿考被俘。

1946 7 月，中共代表团团长周恩来先后 5 次亲自致信国民党当局营救李觉、杨阿考等，最终经多方努力，李觉等人于新中国成立前夕被释放出狱。

1949 4 月，黄埭地下青年团配合武工队收缴国民党黄埭自卫团枪支 120 余支，并解散自卫团。

4 月 26 日下午，黄桥占上村村民架设浮桥，协助中国人民解放军二十九军八十五师二五三团渡过西塘河解放苏州。

图书在版编目（CIP）数据

岁月光芒：苏州市相城区革命斗争史图录：1919—1949 /《岁月光芒——苏州市相城区革命斗争史图录（1919—1949）》编纂委员会编. -- 苏州：古吴轩出版社，2024.5

ISBN 978-7-5546-2363-3

Ⅰ. ①岁… Ⅱ. ①岁… Ⅲ. ①革命史–苏州–图录–1919-1949 Ⅳ. ①K295.33-64

中国国家版本馆CIP数据核字（2024）第091541号

责任编辑：胡敏韬　俞　都
装帧设计：郁大波
责任校对：万海娟

书　　名：岁月光芒——苏州市相城区革命斗争史图录（1919—1949）
编　　者：《岁月光芒——苏州市相城区革命斗争史图录（1919—1949）》编纂委员会
出版发行：苏州新闻出版集团
古吴轩出版社
地址：苏州市八达街118号苏州新闻大厦30F
电话：0512-65233679　　　邮编：215123
出 版 人：王乐飞
印　　刷：苏州市越洋印刷有限公司
开　　本：787mm×1092mm　1/12
印　　张：17
字　　数：129千字
版　　次：2024年5月第1版
印　　次：2024年5月第1次印刷
书　　号：ISBN 978-7-5546-2363-3
定　　价：180.00元